ACCOMMODEMENTS
RAISONNABLES
DROIT À LA DIFFÉRENCE
ET NON DIFFÉRENCE DES DROITS
de Yolande Geadah
est le huit cent quarante-cinquième ouvrage
publié chez VLB éditeur
et le trente-neuvième de la collection
« Partis pris actuels ».

D1339532

Cet essai a bénéficié des nombreux échanges que j'ai pu avoir avec mon entourage immédiat sur le sujet. Je suis redevable en premier à M. Alexandre Lazaridès, auteur et ancien professeur de littérature, qui a lu et commenté chaque version de cet ouvrage en les enrichissant de ses remarques fort judicieuses. Je ne le remercierai jamais assez pour ses encouragements et son soutien. Je remercie également mon conjoint, Rachad Antonius, sociologue et spécialiste du monde arabe, pour son appui constant et ses commentaires éclairants sur le sujet; mon fils, Marc Antonius, qui m'a fait des suggestions très pertinentes; ses remarques m'ont amenée à tenir compte de certains aspects qui ont pu enrichir ma réflexion. Je remercie également M. Waguih Geadah pour ses commentaires appréciés. Je remercie enfin mon éditeur et son équipe pour leur soutien logistique, et plus particulièrement M. Robert Laliberté qui m'a suggéré certaines pistes de réflexion que j'ai pu intégrer au présent ouvrage. Je suis également reconnaissante à mes collègues, parents et amis qui m'ont encouragée et soutenue moralement. Je les remercie tous et toutes très sincèrement, car je sais que sans eux cet essai n'aurait pas vu le jour. Bien entendu, j'assume l'entière responsabilité des opinions qui y sont exprimées.

Cet ouvrage a été publié grâce à une subvention de la Fédération canadienne des sciences humaines et sociales de concert avec le Programme d'aide à l'édition savante, dont les fonds proviennent du Conseil de recherches en sciences humaines du Canada.

VLB éditeur bénéficie du soutien de la Société de développement des entreprises culturelles du Québec (SODEC) pour son programme d'édition.

Gouvernement du Québec – Programme de crédit d'impôt pour l'édition de livres – Gestion SODEC.

Nous reconnaissons l'aide financière du gouvernement du Canada par l'entremise du Programme d'aide au développement de l'industrie de l'édition (PADIÉ) pour nos activités d'édition.

Nous remercions le Conseil des Arts du Canada de l'aide accordée à notre programme de publication.

ACCOMMODEMENTS RAISONNABLES

DROIT À LA DIFFÉRENCE
ET NON DIFFÉRENCE DES DROITS

Yolande Geadah

Accommodements raisonnables

DROIT À LA DIFFÉRENCE
ET NON DIFFÉRENCE DES DROITS

vlb éditeur

VLB ÉDITEUR
Une division du groupe Ville-Marie Littérature
1010, rue de La Gauchetière Est
Montréal (Québec) H2L 2N5
Tél.: (514) 523-1182
Téléc.: (514) 282-7530
Courriel: vml@sogides.com

Maquette de la couverture: Anne-Maude Théberge

Catalogage avant publication de Bibliothèque et Archives nationales du Québec
et Bibliothèque et Archives Canada

Geadah, Yolande

    Accommodements raisonnables: droit à la différence et non différence des droits
    (Collection Partis pris actuels)
    Comprend des réf. bibliogr.
    ISBN 978-2-89005-999-3
    1. Accommodement raisonnable. 2. Minorités - Droit. 3. Multiculturalisme.
4. Accommodement raisonnable - Québec (Province). I. Titre. II. Collection.

K3242.G42 2007   342.08'73   C2007-940804-4

DISTRIBUTEURS EXCLUSIFS:

- Pour le Québec, le Canada
  et les États-Unis:
  LES MESSAGERIES ADP*
  955, rue Amherst
  Montréal (Québec) H2L 3K4
  Tél.: (514) 523-1182
  Téléc.: (450) 674-6237
  *Filiale de Sogides ltée

- Pour la Belgique et la France:
  Librairie du Québec / DNM
  30, rue Gay-Lussac
  75005 Paris
  Tél.: 01 43 54 49 02
  Téléc.: 01 43 54 39 15
  Courriel: direction@librairieduquebec.fr
  Site Internet: www.librairieduquebec.fr

- Pour la Suisse:
  TRANSAT S.A.
  C.P. 3625
  1211 Genève 3
  Tél.: 022 342 77 40
  Téléc.: 022 343 46 46
  Courriel: transat-diff@slatkine.com

Pour en savoir davantage sur nos publications,
visitez notre site: www.edvlb.com
Autres sites à visiter: www.edhomme.com • www.edtypo.com
• www.edjour.com • www.edhexagone.com • www.edutilis.com

Dépôt légal: 2ᵉ trimestre 2007
Bibliothèque et Archives nationales du Québec, 2007
Bibliothèque nationale du Canada

Introduction

La controverse soulevée dans les médias autour des cas dits d'accommodements raisonnables liés aux revendications de minorités religieuses interpelle la société québécoise dans son ensemble. Plusieurs considèrent que la tendance à accepter de telles revendications engage la société sur une pente dangereuse qui menace les droits collectifs. Certains membres des communautés culturelles auxquelles on a consenti des accommodements se sont sentis agressés par les réactions et les critiques exprimées. C'est le cas notamment de la communauté juive hassidique, avec l'affaire des fenêtres givrées du YMCA, et des communautés musulmanes, avec l'affaire des lieux de prière. Mentionnons aussi le code de conduite d'Hérouxville qui a fait le tour du monde, interdisant la lapidation des femmes dans la rue. Bien qu'il soulève des questions complexes et dérangeantes, ce débat a le mérite de pousser la société à une réflexion approfondie sur les effets à long terme des pratiques d'accommodement. Les opinions exprimées spontanément sous les feux croisés des médias ne peuvent remplacer la réflexion.

On a tort d'accuser globalement la société d'accueil de racisme et de xénophobie, du seul fait qu'elle exprime un malaise face à certaines revendications qui remettent en question certaines de ses valeurs essentielles. Des sondages récents indiquent que la grande majorité des membres des communautés culturelles estiment que le Québec est une société très accueillante pour les minorités. Il faut reconnaître que certaines revendications religieuses mettraient à rude épreuve toute société démocratique et pluraliste. D'où la nécessité de mener ensemble une réflexion sur les balises qu'il faut se donner pour éviter que les accommodements liés aux revendications religieuses n'empiètent sur d'autres droits et valeurs qui nous sont chers, telles l'égalité des sexes et la laïcité. C'est pourquoi je désire partager ici quelques éléments de réflexion pouvant servir à alimenter le débat déjà engagé sur cette question.

Distinction entre inclusion, intégration et assimilation

À mon avis, l'approche juridique des accommodements repose sur une logique individualiste des droits qui vise l'inclusion restreinte des individus à court terme, mais qui ignore les objectifs d'intégration des communautés à long terme. Selon le *Petit Robert*, l'inclusion concerne l'introduction d'«un élément dans un milieu de nature différente», tandis que l'intégration renvoie à l'«établissement d'une interdépendance plus étroite entre les parties d'un être vivant ou les membres d'une société».

On fait fausse route, me semble-t-il, en privilégiant l'inclusion restreinte qui autorise chaque individu et chaque communauté à conserver ses valeurs intactes, encourageant ainsi un modèle de développement séparé, plutôt que l'intégration qui exige un certain cheminement pour créer un rapprochement au niveau des valeurs communes à respecter. Le modèle fondé sur l'inclusion restreinte entraîne une juxtaposition de communautés culturelles séparées, qui peuvent se côtoyer dans un même espace mais qui continuent de vivre chacune selon son système de valeurs, avec un minimum de communication entre elles. Ce modèle, appuyé par la politique du multiculturalisme, comporte certains avantages. Il a permis jusqu'ici l'insertion de nombreuses communautés immigrantes, surtout d'origine européenne, qui ont réussi à s'établir et à prospérer tout en conservant leur culture d'origine sur plusieurs générations. Malgré les avantages de ce modèle, l'histoire nous montre qu'il est porteur de tensions et de conflits sociaux latents.

À l'inverse, le modèle de l'intégration permet de sortir de l'enfermement identitaire et de la ghettoïsation qui emprisonnent les individus, et surtout les femmes, à l'intérieur de leur communauté d'origine. Ce modèle est plus favorable au plein épanouissement du potentiel des individus. En favorisant une plus grande interaction entre les membres des diverses communautés, il contribue à consolider les liens sociaux qui sont à la base de la citoyenneté moderne. Certes cela suppose l'abandon de certaines valeurs et pratiques traditionnelles, au profit d'une intégration permettant de jouir des mêmes droits que l'ensemble des citoyens et des citoyennes et d'avoir les mêmes obligations.

Soulignons ici qu'intégration n'est pas assimilation. L'assimilation suppose la supériorité d'un modèle unique (celui de la société d'accueil), imposé aux membres des minorités immigrantes qui doivent abandonner leur culture d'origine pour épouser entièrement la culture dominante et se fondre dans la société d'accueil. Dans le modèle fondé sur l'intégration, il ne s'agit nullement d'imposer un modèle uniforme dans tous les aspects de la vie, mais plutôt de construire ensemble une société partageant des valeurs et des règles communes, tout en respectant la diversité culturelle. Mais cela ne peut se faire que par le respect prioritaire de la société d'accueil.

Choix individuels et choix collectifs

Étant moi-même issue de l'immigration, j'ai opté, comme bon nombre d'immigrants, pour le modèle de l'intégration et suis donc en mesure d'apprécier pleinement les bénéfices qui en découlent. Je reste sceptique devant certaines revendications religieuses qui tendent à ériger des barrières entre les communautés, au lieu de jeter des ponts entre elles. Mais il faut reconnaître que le choix entre l'inclusion restreinte et l'intégration se fait d'abord sur les plans individuel et familial. L'État peut favoriser l'un ou l'autre choix par des politiques, des stratégies et des mesures concrètes, visant à inciter le plus grand nombre à y adhérer volontairement. Il peut difficilement l'imposer par des lois sans risquer de brimer des libertés fondamentales.

Dans toute société pluraliste, il arrive que des personnes choisissent de vivre en marge de la société, afin de conserver intactes des valeurs et des traditions culturelles ou religieuses distinctes qu'elles considèrent comme essentielles. Une société démocratique ne peut les en empêcher et doit donc respecter ces choix. Tant qu'il s'agit d'individus ou de communautés isolés, la société peut toujours s'en accommoder. C'est quand ce modèle d'auto-ghettoïsation est présenté comme un idéal à atteindre et qu'il est revendiqué par plusieurs groupes, comme cela semble être le cas actuellement, que cela entraîne des tensions malsaines. Cette situation impose des contraintes excessives à la société dans son ensemble, ce qui finit par porter atteinte aux valeurs et aux structures sociales choisies par la majorité. Et, quand les minorités tentent d'imposer leurs valeurs et leurs choix de société à la majorité, la situation devient explosive. Cela ouvre la porte à des conflits sociaux sans fin. C'est là où nous conduit présentement l'approche juridique des accommodements raisonnables qui prétend favoriser l'inclusion des minorités dans les institutions, sans exiger en retour un effort d'intégration de leur part.

Je crois qu'il est parfaitement légitime pour l'État et pour la société civile de défendre son modèle fondé sur des valeurs essentielles, telles que l'égalité des sexes et les principes de laïcité. La difficulté est de le faire sans pour autant nier les libertés fondamentales des minorités. Il est presque impossible de tracer une ligne de démarcation claire entre le privé et le public, entre l'individuel et le collectif. Il faut néanmoins essayer de le faire afin d'assurer un équilibre entre le respect des libertés individuelles des minorités et le respect des droits collectifs de la société. Je propose ici une analyse globale ainsi que des balises qui permettront, je l'espère, de tenir compte du droit à la différence, sans promouvoir la différence des droits.

Il faut saluer la décision du gouvernement du Québec, annoncée le 8 février 2007, de mettre sur pied une commission d'étude, coprésidée par l'historien et sociologue Gérard Bouchard et l'auteur et philosophe Charles Taylor, portant sur les pratiques d'accommodement reliées aux différences culturelles. La commission, dont le rapport est prévu pour mars 2008, a un triple mandat: celui de dresser un portrait fidèle des pratiques d'accommodement reliées aux différences culturelles, de mener une vaste consultation pour connaître l'opinion de la population au-delà des sondages et des réactions spontanées et, finalement, de formuler des recommandations pour que les pratiques d'accommodement soient plus respectueuses des valeurs communes des Québécois. Ces recommandations seront débattues à l'Assemblée nationale. Il faut espérer que ce processus permettra d'assainir le débat et de le remettre sur les rails d'un dialogue ouvert et respectueux, dans une démarche constructive. Il faut surtout espérer que la commission aura le courage et le pouvoir d'aller au cœur des enjeux soulevés par les accommodements fondés sur l'approche juridique.

Une analyse en trois temps

Pour aborder ce sujet complexe, je propose une analyse sociologique en trois temps. Dans un premier temps, je commence par préciser la notion juridique québécoise et canadienne d'accommodement raisonnable (chapitre premier) et par replacer ce débat dans une perspective globale, qui tient compte à la fois du contexte d'immigration à l'échelle nationale, de la montée des intégrismes religieux de toute origine à l'échelle mondiale, et du double piège du racisme et du relativisme culturel qui contribue à brouiller les cartes (chapitre II).

Dans un deuxième temps, je présente un survol historique du difficile processus de laïcisation, à travers trois conceptions distinctes de la laïcité. Il s'agit des modèles de la France, des États-Unis et de la Turquie. Comme nous le verrons, ces trois modèles comportent chacun des avantages et des limites qui peuvent nous guider dans le choix du modèle de laïcité le mieux adapté au contexte québécois et canadien du XXIe siècle (chapitre III).

Dans un troisième temps, tenant compte du processus de laïcisation dans le contexte québécois et canadien (chapitre IV), j'analyse les enjeux sous-jacents aux divers types de revendications religieuses qui nous interpellent aujourd'hui (chapitre V). Finalement, je propose des balises pour sortir de l'enfermement identitaire ethnico-religieux et pour favoriser l'intégration à long terme (chapitre VI). En cette matière, il n'existe pas de recette magique ni de solution simple. Une chose est claire : l'approche juridique, fondée sur une conception individualiste de la liberté religieuse, occulte les implications collectives de ce choix à long terme. Des compromis sont nécessaires de part et d'autre pour vivre ensemble, dans le respect des droits, individuels et collectifs, des minorités immigrantes et de la société d'accueil.

Je souhaite que cette analyse contribue à enrichir ce débat auquel font face aujourd'hui toutes les sociétés pluralistes. Cet essai s'adresse donc à tous ceux et celles que la question interpelle : simples citoyens et citoyennes, juristes, défenseurs des droits humains, hommes et femmes politiques, représentants des institutions, des médias et des divers organismes de la société civile.

Il s'adresse aussi aux membres des diverses communautés culturelles, qui doivent évaluer les effets à long terme des revendications mises en avant par certains de leurs membres, au nom des libertés individuelles. Il ne s'agit pas ici strictement d'une question de droit, car tout ce qui est permis par la loi n'est pas nécessairement dans l'intérêt commun des membres des communautés à long terme. Quoique s'inscrivant dans la légalité, certains comportements sont de nature à antagoniser les membres des autres collectivités et à alimenter la xénophobie et le racisme à l'endroit du groupe. Une réflexion collective est donc nécessaire sur les exigences du vivre ensemble au-delà de ce que le droit permet. Il s'agit d'une réflexion visant à dégager des lignes directrices afin de favoriser le respect de l'espace public commun, sans que chacun cherche à y imposer l'expression de ses propres pratiques religieuses. Cette restriction est essentielle dans le contexte pluraliste québécois et canadien, pour éviter de transposer ici les divisions interethniques ou interconfessionnelles qui déchirent trop souvent nos pays d'origine. Il s'agit là d'une responsabilité collective de la part des membres des diverses communautés minoritaires, où les voix des plus modérés doivent se faire entendre dans ce débat, au lieu de laisser toute la place aux seules tendances ultra-conservatrices.

CHAPITRE PREMIER

Préciser la notion d'accommodement raisonnable

> La diversité de nos opinions ne vient pas de ce que les uns sont plus raisonnables que les autres.
>
> DESCARTES

Vu la confusion entourant le sens du terme «accommodement», souvent utilisé dans un sens différent de celui qu'on lui accorde en droit, il importe de commencer par distinguer clairement le sens commun du sens juridique de ce terme.

Selon le *Petit Robert*, un accommodement est «un arrangement convenable» ou encore «un accord ou un compromis à l'amiable». Le terme «raisonnable», lui, signifie bien évidemment «conforme à la raison». Toutefois, ce qui paraît raisonnable pour l'un ne l'est pas nécessairement pour l'autre, suivant les valeurs de chacun et les contextes d'application.

Sur le plan juridique, le concept implique qu'il y a obligation d'accommodement raisonnable de la part de l'employeur ou d'une institution, quand des normes ou des pratiques ont sur un individu un impact discriminatoire fondé sur la race, l'origine nationale ou ethnique, la couleur, la religion, le sexe, l'âge ou les déficiences mentales ou physiques.

On voit donc se dessiner, dès le départ, une contradiction entre le sens commun et le sens juridique du terme. Si un accommodement signifie un «compromis à l'amiable», il ne s'agit donc pas d'une obligation juridique, et si on ajoute «raisonnable», il peut difficilement s'appliquer à des croyances religieuses qui font appel au dogme de la foi et non à la raison. Par conséquent, l'utilisation même de cette terminologie au plan juridique est ambiguë.

L'origine de la notion juridique

C'est en 1985 que la notion d'accommodement raisonnable fit son apparition pour la première fois en droit canadien. Dans une décision qui fit jurisprudence, la Cour suprême reconnaissait qu'une norme d'apparence neutre pouvait avoir un impact discriminatoire sur une employée si elle était incompatible avec sa pratique religieuse[1]. Il s'agit du cas d'une vendeuse dans un grand magasin Sears qui avait adhéré à l'Église universelle de Dieu dont les préceptes interdisent de travailler le samedi. Devant l'impossibilité de concilier son horaire avec sa pratique religieuse, l'employeur la relégua à un statut d'employée occasionnelle. La plaignante contesta cette décision devant les tribunaux, alléguant que ce changement de statut constituait un acte de discrimination fondée

1. Source: Commission ontarienne des droits de la personne (O'Malley) c. Simpsons-Sears, (1985), cité dans Mᵉ Pierre BOSSET, *Réflexion sur la portée et les limites de l'obligation d'accommodement raisonnable en matière religieuse*, CDPDJ, février 2005, p. 2, n. 6.

sur la religion. Elle obtint gain de cause et l'employeur fut tenu de prendre des mesures d'accommodement en modifiant son horaire de travail.

Ce jugement est à l'origine des décisions subséquentes favorables à l'expression des croyances religieuses dans la sphère publique. Selon l'interprétation juridique qui prévaut à ce jour, il y a obligation d'accommodement de la part des institutions et des entreprises pour éviter la discrimination à l'endroit d'un individu sur la base de ses croyances religieuses. De plus, cette obligation est à sens unique : elle incombe uniquement à l'employeur ou à l'institution et non à l'individu[2].

Comme le souligne Me Bosset, l'obligation d'accommodement trouve sa limite au plan juridique dans la notion de « contrainte excessive », qui renvoie aux limites financières et matérielles qu'impose l'accommodement, à la perturbation du fonctionnement de l'entreprise ou de l'institution qu'il pourrait provoquer, et à l'atteinte aux droits d'autrui. Il précise également que « les accommodements se font sur la base de droits individuels et ne constituent pas des droits collectifs reconnus aux groupes religieux[3] ».

Malgré cette dernière précision, on constate que l'accommodement accordé à titre individuel a un effet d'entraînement. Il finit par établir une norme sociale s'appliquant au groupe religieux. L'obligation d'accommodement, initialement élaborée dans le

2. Me Pierre BOSSET, *Le droit et la régulation de la diversité religieuse en France et au Québec : une même problématique, deux approches*, allocution présentée dans le cadre du 72e Congrès de l'ACFAS, mai 2004.
3. Me Pierre BOSSET, *Réflexion sur la portée et les limites de l'obligation d'accommodement raisonnable en matière religieuse*, CDPDJ, février 2005, p. 15.

cadre des rapports entre employé et employeur, s'est vite étendue à la sphère publique, dans le cadre des institutions et des services publics. Or, jusqu'ici, les seules limites reconnues à l'obligation d'accommodement ne concernent que les contraintes excessives, du point de vue de l'employeur ou de l'institution, ce qui ne permet pas de tenir compte des droits collectifs ni d'autres enjeux sociaux importants.

Des cas controversés

D'un point de vue juridique, l'accommodement ou plutôt l'arrangement pris par le YMCA de l'avenue du Parc à Montréal, qui a déclenché à l'automne 2006 une vive controverse dans les médias, ne fait pas partie des accommodements raisonnables. Les administrateurs du YMCA situé derrière une école juive hassidique ont accepté, à la demande et aux frais de la direction de cette école, d'installer des fenêtres givrées dans une salle d'exercice pour éviter que les élèves ne voient les femmes en tenue de sport. Cet arrangement a provoqué un tollé de la part des femmes utilisatrices du centre, qui se disent lésées par cette décision les empêchant de bénéficier du soleil et de la vue extérieure pendant leurs exercices. Dans cette affaire, il est clair que les administrateurs de l'école ne pouvaient invoquer la discrimination à leur égard, puisqu'ils n'étaient pas les usagers du centre.

D'autres cas controversés d'arrangements, pris par des administrateurs désemparés face aux nouvelles revendications religieuses, sont moins clairs. Plusieurs cas ayant attiré l'attention des médias sont relatifs à des exigences de ségrégation sexuelle dans des services publics. Ainsi, dans certains quartiers de Montréal, on a accepté de modifier les horaires de piscines publiques pour répondre à la demande de groupes de musulmans réclamant des périodes réservées exclusivement aux femmes. La satisfaction de cette demande a suscité de la frustration chez les autres usagers qui considèrent que cela a pour effet de réduire leur propre accessibilité aux lieux.

Un autre cas controversé concernait la décision d'un CLSC d'exclure les hommes des cours prénataux, afin que des femmes musulmanes puissent y participer. Il y a eu aussi le refus de juifs hassidiques de faire affaire avec des femmes évaluatrices pour l'examen de conduite automobile. Cela a poussé le Service de police de la Ville de Montréal (SPVM) et la Société de l'assurance automobile du Québec (SAAQ) à demander à leurs employées féminines de céder leur place à des collègues masculins pour tenir compte de ces sensibilités. Certains hôpitaux rapportent enfin quelques cas d'hostilité et parfois même d'agression à l'égard de médecins, de la part de certains maris musulmans qui refusent qu'un homme examine leur épouse.

Interprétation abusive ou effet d'entraînement ?

Ces exemples ont été décriés comme des interprétations abusives du concept juridique d'accommodement raisonnable. Cependant, si ces demandes avaient fait l'objet de plaintes devant les tribunaux, il n'est pas certain qu'elles auraient été rejetées, considérant qu'il faut assurer l'accès des services publics à tous les usagers, en évitant l'exclusion sur la base des croyances religieuses, conformément aux chartes québécoise et canadienne des droits et libertés. Autrement dit, il ne s'agit pas uniquement d'une confusion dans le concept, mais d'un effet d'entraînement favorable à la multiplication des revendications religieuses et des accommodements plus ou moins raisonnables.

Force est de constater que l'approche juridique, privilégiée jusqu'ici, a créé le contexte propice à la dérive actuelle. Ainsi, des administrateurs bien intentionnés se sentent obligés de céder devant toute revendication religieuse pour éviter de faire face à des recours judiciaires coûteux. C'est là qu'on voit plus clairement les limites et les contradictions créées par l'approche juridique, qui met l'accent sur les droits individuels tout en négligeant les droits collectifs. Nous reviendrons plus loin sur l'analyse des enjeux sous-jacents à ces pratiques.

Ces situations nous placent face à un dilemme éthique réel : comment respecter les droits des minorités religieuses, reconnus par les chartes québécoise et canadienne, tout en préservant les valeurs communes, liées entre autres au droit des femmes d'occuper des postes dans tous les domaines, sans voir leurs compétences professionnelles remises en cause par des valeurs religieuses traditionnelles ? Où placer la limite et comment trouver un équilibre entre droits individuels et droits collectifs quand ils entrent en conflit les uns avec les autres ? Ces questions nous renvoient aux choix qu'une société pluraliste doit faire pour favoriser la vie harmonieuse entre toutes les communautés qui la composent plutôt qu'aux droits individuels.

CHAPITRE II

Replacer le débat
dans une perspective globale

Il est nécessaire de replacer le débat entourant les accommodements raisonnables dans une perspective
plus large qui tienne compte du rôle de l'immigration dans le contexte québécois et canadien, et d'autres aspects non négligeables, tels la montée des intégrismes religieux à l'échelle mondiale, ainsi que le
double piège du racisme et du relativisme culturel.
Cela permettra de relativiser le phénomène des revendications religieuses amplifié par les médias, mais aussi
de réaliser qu'il n'est pas nécessairement le fruit de
l'immigration récente, et enfin d'éviter la stigmatisation des membres des minorités religieuses concernées, qui ne sont pas tous favorables à ces revendications, loin de là.

Immigration et pluralisme culturel

Il est utile tout d'abord de rappeler quelques faits ayant
trait à l'immigration et au pluralisme culturel québécois et canadien. Depuis les trente dernières années,
le Québec connaît un taux de fécondité parmi les plus
bas au monde – entre 1,4 et 1,7, alors que le seuil re-
quis pour le renouvellement de la population est

de 2,1. Par conséquent, sans l'apport de l'immigration, le Québec connaîtrait rapidement un déclin démographique et économique. C'est d'ailleurs la situation à laquelle sont confrontées les régions éloignées qui ne bénéficient pas de l'immigration.

Selon le dernier recensement de 2006, le Québec accueille autour de 40 000 nouveaux immigrants par année. Les démographes estiment qu'il en faudrait plutôt 50 000 pour compenser le faible taux de natalité et pour maintenir le poids démographique du Québec au sein du Canada, poids qui a chuté au cours des dernières décennies. Certains critiques soutiennent qu'il faudrait revoir à la baisse le nombre d'immigrants qu'on accueille pour tenir compte de la capacité d'absorption de la société et du marché de l'emploi. Néanmoins, nul ne remet en cause cette politique d'immigration qui permet d'atténuer le choc du vieillissement et la décroissance de la population. Ne serait-ce que pour des raisons pragmatiques, le Québec tout comme le Canada est donc tributaire de l'immigration pour son propre développement. C'est là un premier constat, dont il faut prendre acte.

Un deuxième constat a trait à l'origine des immigrants. Autrefois surtout européens, les immigrants proviennent aujourd'hui de divers horizons. Dans les années 1960, les changements apportés à la loi canadienne sur l'immigration, dont le système de sélection était jugé raciste, ainsi que le choix du Québec de favoriser les immigrants francophones ont ouvert la porte à l'immigration non occidentale, en provenance d'Asie, du Moyen-Orient, du Maghreb, d'Afrique et d'Amérique latine. Bien que cette immigration soit encore majoritairement catholique, la diversité culturelle et religieuse est devenue une réalité incontournable, dont il faut également prendre acte.

Compte tenu de ces deux constats, la question primordiale qui se pose à nous, au-delà des accommodements, est de savoir comment assurer l'intégration harmonieuse de nouveaux immigrants provenant d'horizons et de cultures très divers. Si le Québec se félicite d'avoir réussi la francisation des enfants issus de l'immigration, cela ne suffit pas à en faire une politique d'intégration et beaucoup reste à faire.

Il faut aussi reconnaître que l'immigration et le pluralisme qui la caractérise représentent une richesse inestimable et non une menace. Les médias ont certainement un rôle important à jouer pour faire mieux connaître l'apport positif des immigrants dans tous les domaines : économiques, sociaux et culturels. Les membres des minorités culturelles également ont des efforts à faire pour s'ouvrir aux valeurs positives de la société d'accueil.

L'ampleur du phénomène

On est en droit de s'interroger sur l'ampleur réelle du phénomène des accommodements liés aux revendications religieuses. Certains ont l'impression qu'il s'agit d'une vague de fond qui menace l'identité nationale. Qu'en est-il dans les faits ?

Selon le recensement du Canada de 2001, l'affiliation religieuse au Québec se répartit comme suit : 83,2 % de catholiques, 4,7 % de protestants, 1,5 % de musulmans, 1,3 % de juifs, 0,1 % de sikhs et 5,6 % sans aucune affiliation religieuse, le reste se répartissant entre d'autres confessions très minoritaires. Ces chiffres indiquent que le poids démographique des minorités religieuses reste modeste au Québec.

De plus, seule une infime proportion parmi les minorités religieuses se prévaut des accommodements. En fait, la majorité des plaintes reçues par la Commission des droits de la personne et des droits de la jeunesse (CDPDJ) ne concernent pas la religion. Sur les 5482 plaintes déposées à la CDPDJ entre 2000 et 2005, seulement 2 % sont fondées sur un motif religieux (85 au total, soit 17 plaintes par an en moyenne), et de ce nombre, près du tiers seulement (35,3 %) comportaient une demande d'accommodement raisonnable. Les cinq motifs le plus souvent invoqués sont, par ordre d'importance, le handicap (24 %), la race ou la couleur (14,8 %), l'âge (12,3 %), la condition sociale (5,9 %) et le sexe (5,4 %)[1]. Par ailleurs, selon la Commission, les plaintes pour des cas de discrimination basée sur la religion ne sont pas majoritairement déposées par des musulmans ou des juifs, contrairement à l'image projetée par les médias, mais par des protestants. Or ces derniers cas font rarement les manchettes, ce qui donne une image biaisée de la question.

Ces données ramènent le phénomène des revendications religieuses à des proportions plus modestes que ne le laisse croire la couverture médiatique. Elles montrent surtout qu'il est injuste d'attribuer l'ensemble des revendications religieuses à l'immigration récente. De fait, ni les protestants, ni les juifs hassidiques, implantés depuis longtemps au Canada, pas plus que les témoins de Jéhovah, qui refusent la transfusion sanguine, ne sont issus de l'immigration.

1. Ces statistiques ont été obtenues directement de la CDPDJ.

Il est injuste aussi d'accoler les revendications religieuses à l'ensemble des membres d'une communauté, alors que seule une minorité les soutient et que plusieurs s'y opposent carrément. Par exemple, quand il a été question à l'automne 2003 de reconnaître en Ontario des tribunaux d'arbitrage religieux appliquant les lois de la Charia, revendiqués par certains leaders musulmans, la plupart des organisations musulmanes au pays, incluant le Conseil canadien des femmes musulmanes et le Congrès musulman canadien, s'y sont opposées fermement. Précisons toutefois que la création de tels tribunaux irait au-delà de la notion d'accommodement raisonnable et relèverait plutôt du «pluralisme juridique» dont il sera question plus loin.

Bien que la proportion de revendications religieuses ayant fait l'objet d'accommodements soit modeste, on aurait tort de conclure que leurs impacts sociaux sont minimes. C'est pourtant ce que font certaines personnes bien intentionnées, par souci de calmer le débat et les sentiments xénophobes qu'il suscite. Il faut évaluer ce phénomène à la lumière des enjeux qu'il soulève. En effet, certaines revendications religieuses risquent de remettre en question des normes sociales importantes.

La montée des intégrismes religieux

Dans le contexte de la mondialisation, la multiplication des revendications religieuses est liée à la montée des intégrismes de toutes origines (juif, musulman, catholique, protestant et autres), qui préconisent un retour aux valeurs patriarcales. C'est ce qui explique, en bonne partie, la recrudescence de pratiques et de revendications religieuses de plus en plus restrictives qui touchent tous les domaines, mais plus particulièrement la condition des femmes. Quoique parfaitement légitimes aux yeux des croyants, ces revendications sont souvent cause de tensions et de conflits dans les sociétés pluralistes et séculières. Il ne s'agit donc pas d'une situation exclusive au Québec ou au Canada.

Il est important de distinguer l'intégrisme religieux de l'orthodoxie. Les deux sont fondés sur des dogmes et des interprétations très rigides des textes sacrés, et les deux refusent la modernité et l'émancipation des femmes. Alors que l'orthodoxie se contente généralement de créer une enclave dans laquelle les fidèles pourront vivre en retrait de la société moderne, l'intégrisme cherche à manipuler la religion à des fins politiques, s'attaquant au pouvoir séculier et réclamant toujours plus d'espace social, juridique et politique.

Ce qui inquiète particulièrement les féministes, avec raison, c'est le climat social créé par les interprétations religieuses issues de l'intégrisme qui impose de plus en plus de restrictions aux femmes. Un petit nombre de telles revendications, surtout lorsqu'elles sont appuyées par des contestations juridiques, suffisent à modifier le rapport de force au profit des tendances les plus conservatrices.

La montée des intégrismes religieux menace non seulement les femmes mais l'ensemble de la société. En cherchant à imposer ses valeurs dans l'espace public, l'intégrisme menace la liberté d'expression, au nom du respect des religions. En témoignent les menaces, les procès et les attaques, parfois meurtrières, tant en Occident que dans le monde musulman, mené par les mouvements intégristes contre des politiciens, des juges et des intellectuels (cinéastes, écrivains et autres) qui osent critiquer ouvertement les interprétations religieuses intégristes. Or, l'approche juridique occidentale qui conçoit la liberté religieuse sous l'angle du choix individuel ne permet pas de tenir compte de cette réalité sociologique plus vaste, où des individus et des groupes organisés se réclament de la démocratie pour tenter de s'arroger un pouvoir abusif, niant ainsi des libertés fondamentales.

Le double piège du racisme et du relativisme culturel

On ne peut aborder la question des accommodements raisonnables sans tenir compte du fait qu'elle commence à soulever des débats où se conjuguent parfois le racisme et la xénophobie. Le fait que les cas d'accommodement les plus contestables rapportés par les médias touchent notamment les communautés juive hassidique et musulmane, qui sont parmi les plus vulnérables aux préjugés et à la stigmatisation, contribue certainement à brouiller les cartes.

S'il est vrai que la société québécoise est dans son ensemble parmi les plus ouvertes et accueillantes pour les minorités, on ne peut nier que ce débat renforce les préjugés et les tendances racistes. On a parfois l'impression que certaines personnes se portent à la défense des principes de laïcité et d'égalité des sexes uniquement pour justifier leur opposition à l'islam qui leur paraît menaçant.

Depuis le 11 septembre 2001, la peur de l'intégrisme islamique s'est aggravée, ce qui n'a fait qu'alimenter les préjugés et l'hostilité à l'endroit des musulmans. Bien que la plupart des citoyennes et des citoyens canadiens de confession musulmane condamnent la violence et s'opposent aux interprétations intégristes de l'islam, ils se sentent piégés et mal à l'aise face au débat sur les accommodements. Plusieurs d'entre eux, bien qu'opposés au port du hidjab et à la ségrégation sexuelle, n'osent pas critiquer ouvertement ces revendications de peur d'alimenter l'islamophobie ambiante. C'est ce qui pousse aussi nombre de défenseurs des droits humains et d'intellectuels à abandonner tout esprit critique pour soutenir, au nom du relativisme culturel, toutes les revendications issues des minorités, de peur d'accroître l'hostilité à leur égard.

Il est difficile d'ignorer ce dilemme moral réel. Pour en sortir, il faut éviter le double piège du racisme et du relativisme culturel. Cela implique de cesser de voir du racisme dans toute critique des accommodements, comme de cesser de croire que la seule façon de lutter contre les préjugés est d'appuyer toutes les revendications religieuses, y compris celles qui sont issues des interprétations les plus rigides de la religion.

Les pratiques restrictives et discriminatoires à l'égard des femmes, perpétrées au nom des valeurs religieuses ou culturelles, contribuent à nourrir les préjugés à l'endroit des minorités. Par conséquent, on ne peut lutter efficacement contre le racisme sans remettre en question ces pratiques. Il est tout à fait contreproductif de les appuyer au nom du relativisme culturel ou de la lutte contre le racisme. Il faut dégager l'espace de liberté nécessaire pour lutter à deux niveaux, contre les préjugés et le racisme, d'une part, et contre les interprétations misogynes ou trop rigides des religions, d'autre part.

Ces distinctions importantes sont essentielles pour mettre fin à la polarisation malsaine entre « eux » et «nous» dans ce débat. On verrait ainsi plus clairement que les alliances à construire doivent se faire par-delà les différences culturelles.

Responsabilité des médias

La couverture médiatique sensationnaliste entourant les revendications religieuses est dommageable à plusieurs égards. Premièrement, en montant en épingle certains cas d'accommodement, pas toujours raisonnables, les médias contribuent à susciter les crispations identitaires de part et d'autre.

Deuxièmement, avec l'approche sensationnaliste, les médias accordent une importance démesurée aux individus porteurs de revendications religieuses, les érigeant en porte-parole de leur communauté, alors qu'ils sont parfois marginaux au sein de leur groupe. C'est ce qui arrive, par exemple, avec les imams les plus conservateurs et les plus intransigeants qu'on invite sur toutes les tribunes, alors que d'autres voix musulmanes, qui ne partagent pas cette vision étriquée de l'islam, sont le plus souvent ignorées. Cela a un double effet pervers: celui de déformer l'image des communautés musulmanes aux yeux du grand public, renforçant ainsi les préjugés à leur endroit, et celui de modifier le rapport de pouvoir au sein de ces communautés, au profit des tendances intégristes, pourtant minoritaires jusqu'ici.

Force est de reconnaître que les médias ont une grande part de responsabilité à l'égard des minorités culturelles, car c'est à travers ces images, trop souvent déformées, que les gens se forgent une idée des réalités qu'ils ignorent. Dans le cas des musulmans, cette image négative est renforcée par une couverture médiatique superficielle, qui occulte les causes profondes des conflits déchirant le monde musulman, tels la guerre en Irak et le conflit israélo-palestinien. Cela laisse croire que la violence est inhérente à l'islam et aux peuples musulmans. Dans une société pluraliste comme celle du Québec, il est essentiel d'assurer une couverture médiatique plus rigoureuse et non biaisée des réalités internationales, pour éviter de stigmatiser les minorités auprès de l'opinion publique. C'est là une règle de civisme importante à respecter. Les médias devraient éviter de renforcer à la fois le clivage entre la majorité et les minorités religieuses et les tendances intégristes au sein de chacune.

Comme on peut le constater, le débat sur les accommodements soulève des questions multiples et complexes. On ne peut donc aborder le sujet en se limitant à une approche au cas par cas, comme on l'a fait jusqu'ici, sans effectuer une analyse globale des enjeux liés à ces pratiques.

CHAPITRE III

La laïcité : un processus conflictuel

Pour favoriser un dialogue constructif sur les accommodements liés aux revendications religieuses qui semblent remettre en question le principe même de la laïcité, il est utile de clarifier ce concept, cause de nombreux malentendus et d'interprétations divergentes. De plus, dans la mesure où ce débat nous pousse à réexaminer l'équilibre entre droits individuels et droits collectifs, et à préciser la place accordée à la religion dans l'espace public, un bref retour historique est utile pour exposer les divers modèles qui peuvent alimenter notre réflexion.

On verra ainsi que le modèle français, caractérisé par une séparation formelle entre la religion et l'État, semble le plus pertinent, malgré les difficultés qu'il connaît dans l'intégration des minorités musulmanes, comme en ont témoigné les émeutes des banlieues en 2005. Le modèle étasunien, lui aussi caractérisé par une séparation formelle, quoique pertinent à cause d'un contexte similaire d'immigration et de pluralisme culturel, ne semble pas convenir aussi bien, étant donné l'influence croissante qu'il accorde aux intégrismes religieux dans le domaine politique, ce qui se traduit par un recul de certains droits individuels.

Le concept de laïcité

La laïcité est un concept moderne issu du siècle des Lumières qui désigne le principe de séparation entre le pouvoir religieux et le pouvoir politique. Le concept de laïcité est apparu quand les États décidèrent de tolérer d'autres religions que la religion d'État, brisant ainsi une pratique prévalant depuis le milieu du XVIe siècle, voulant que chaque territoire adopte la foi de son souverain.

La laïcité repose sur trois valeurs indissociables : la liberté de conscience, l'égalité en droit des options spirituelles ou religieuses qui prohibe toute discrimination, et la neutralité de l'État. S'il est relativement facile de dégager un consensus en faveur de la liberté de religion, il est moins évident de s'entendre sur la place réservée à l'expression des valeurs religieuses dans le domaine public. Pour certains, l'expression des valeurs religieuses doit se limiter au seul domaine privé, alors que pour d'autres la liberté religieuse inclut l'expression de ces valeurs dans tous les domaines.

Il n'existe donc pas de modèle unique de laïcité. Celle-ci s'articule de façon différente dans chaque pays et continue d'évoluer selon les contextes sociaux et politiques. Les décisions prises concernant les limites à établir entre les croyances religieuses et leur expression dans le domaine public font rarement l'unanimité. Elles sont souvent contestées et deviennent source de tensions et de débats parfois houleux. C'est ce qui fait dire à certains que la laïcité est un processus conflictuel.

On peut distinguer trois conceptions différentes de la laïcité : la conception française, la conception étasunienne et la conception turque. Ce dernier modèle est intéressant à nos yeux car il s'agit du seul exemple de laïcité formelle dans le monde musulman. De plus, comme on peut le constater, dans la plupart des pays occidentaux la laïcité est de plus en plus contestée par des citoyens de confession musulmane qui conçoivent mal la séparation du religieux du social et du politique.

Ces trois modèles ont inspiré divers pays et divers courants d'idées qui s'y réfèrent jusqu'à présent. Le Québec est traversé par les deux premiers courants, français et étasunien, mais l'influence du modèle français y est plus grande à cause des affinités linguistiques et culturelles, tandis que le reste du Canada, de culture anglo-saxonne, est davantage influencé par la conception des États-Unis. Cela expliquerait, du moins en partie, les différences marquées entre l'opinion publique du Québec et celle des autres provinces, telles qu'elles s'expriment dans les sondages. À mon avis, ces divergences sont parfois à l'origine de graves malentendus et de fausses accusations de racisme et de xénophobie, d'où l'intérêt de mieux connaître les divers modèles existants.

Précisons que la plupart des pays démocratiques, même lorsqu'ils n'ont pas formellement adopté le principe de laïcité, comme le Canada, et lorsqu'ils continuent de reconnaître une religion d'État, comme l'Angleterre, respectent la liberté de conscience et le principe de non-discrimination et appliquent une distinction entre le religieux et le politique.

La laïcité française

La République française s'est construite autour de la laïcité, résultat d'une longue lutte historique qui s'est effectuée par étapes[1]. La Révolution française, dans sa Déclaration des droits de l'homme et du citoyen du 26 août 1789, affirmait déjà un principe de laïcité dans son article 10 : « Nul ne doit être inquiété pour ses opinions, même religieuses, pourvu que leur manifestation ne trouble pas l'ordre public établi par la loi. » Bien qu'ayant proclamé ce principe, la Révolution ne réussit pas à le mettre en application. La société de l'époque n'était pas prête à se passer de l'Église. Le 15 juillet 1801, Napoléon Bonaparte signe un concordat avec le représentant du pape Pie VII, qui rétablit des relations officielles entre l'État français et le Saint-Siège.

Le régime concordataire dura un siècle (1801-1905) et fit des prêtres et des évêques des fonctionnaires de l'État. Contrairement à ce qu'on affirma alors, ce régime n'a pas fait du catholicisme la religion officielle. Il a surtout accordé une place officielle aux autres « cultes reconnus » (le protestantisme luthérien et réformé et le judaïsme), ce qui a permis d'apaiser les relations conflictuelles avec ces minorités et de favoriser leur intégration.

Bien que la France soit devenue formellement laïque par l'adoption de la loi de décembre 1905, relative à la séparation des Églises et de l'État, le régime concordataire est encore en vigueur en Alsace et en Moselle. Ces deux régions étaient rattachées à l'Allemagne au moment de l'abolition du Concordat en France. Le statut particulier de ces deux régions a été

1. Cette partie s'inspire surtout du rapport Stasi, de la Commission de réflexion sur l'application du principe de laïcité dans la République, 11 décembre 2003, et d'un article de Jean BAUBÉROT, *La laïcité*, janvier 2001, consulté sur le web le 27 février 2007, <fr.wikipedia.org/wiki/jean_bauberot>.

contesté à plusieurs reprises, mais leurs habitants se sont mobilisés pour le conserver, de sorte que le régime des « cultes reconnus » y est encore maintenu. Selon Jean Baubérot, titulaire de la chaire Histoire et sociologie de la laïcité à la Sorbonne, cela ne semble pas soulever de problème particulier aujourd'hui.

La loi de 1905 non seulement affirme la séparation des Églises de l'État, mais donne à la laïcité un contenu positif. Elle assure la liberté de conscience et garantit le libre exercice des cultes, sous réserve de respect de l'ordre public. La laïcité s'inscrit une première fois dans la Constitution d'octobre 1946. Elle est confirmée dans l'article 2 de la Constitution actuelle de la Vᵉ République (en octobre 1958) qui énonce :

> La France est une République indivisible, laïque, démocratique et sociale. Elle assure l'égalité devant la loi de tous les citoyens sans distinction d'origine, de race ou de religion. Elle respecte toutes les croyances.

La Constitution précise aussi que c'est « un devoir de l'État » d'offrir à tous les citoyens, enfants et adultes, « l'enseignement public gratuit et laïque à tous les degrés ».

Rappelons que la France a subi pendant plusieurs siècles l'influence marquante de l'Église catholique, intimement mêlée au pouvoir et à l'origine de nombreuses guerres et persécutions religieuses dans l'histoire. Cette réalité a donné naissance à un sentiment anticlérical virulent. Cela explique le fait qu'aujourd'hui l'État français s'efforce activement de renforcer les principes de laïcité et de construire, à travers le système d'éducation, une culture citoyenne, séparée, voire opposée, au cléricalisme d'autrefois. On parle alors de « laïcité de combat ».

Comme le souligne Baubérot, le principe de non-reconnaissance des cultes par l'État implique la disparition dans les services publics de tout caractère religieux. Mais cette disparition se fait lentement. Ainsi, ce n'est qu'en 1972 que sera supprimée la demande faite aux jurés en cour d'assises de prêter serment « devant Dieu et devant les hommes ». La neutralité religieuse du domaine public implique aussi, selon l'interprétation française, qu'il ne doit pas exister d'emblèmes religieux sur les édifices publics construits après 1905. Cette dernière précision vise à éviter les actions iconoclastes. Les symboles religieux ont donc disparu des murs des institutions publiques et des hôpitaux.

Dans les faits, il ne s'agit pas d'effacer toute trace du rôle public joué par la religion dans l'État. Ainsi, le maintien des congés fériés officiels inspirés du calendrier des fêtes catholiques n'est pas remis en cause. Les congés religieux liés à d'autres religions sont accordés sur la base d'autorisations individuelles d'absence, octroyées aux fonctionnaires, aux agents publics et aux élèves.

La polémique autour du voile islamique en France

La libre manifestation des convictions religieuses dans l'espace public est généralement reconnue. Cela n'a pas empêché l'émergence d'une vive polémique en 1989, autour de ce qu'on a appelé « l'affaire du foulard » qui a relancé le grand débat sur la laïcité de l'école. Précisons que le terme « foulard » est inadéquat pour désigner ce symbole religieux. On parle plus couramment de voile, mais le terme islamique est le hidjab, vêtement qui recouvre la tête, les cheveux et le cou, laissant le visage à découvert.

La controverse soulevée par cette affaire a duré près d'une quinzaine d'années et a profondément divisé l'opinion publique française. Pour les défenseurs des libertés individuelles, on doit viser la transmission d'un savoir universel sans nier l'expression de particularismes religieux. Alors que pour les opposants au port du voile à l'école, ce vêtement symbolise le refus de l'égalité entre hommes et femmes et s'accompagne surtout de nombreux refus d'accepter les règles de fonctionnement établies par les institutions d'enseignement.

Après plusieurs rebondissements dans cette affaire, une commission sur la laïcité fut créée, présidée par l'ancien ministre Bernard Stasi, qui a tenu des séances publiques, de juillet à décembre 2003, afin de recueillir des témoignages provenant de divers horizons pour mieux cerner les aspects complexes de cette question. La polémique fut tranchée par l'adoption d'une loi (en janvier 2004) interdisant dans les écoles, les collèges et les lycées publics les signes et les tenues qui manifestent «ostensiblement» l'appartenance religieuse des élèves. Bien qu'elle ne fasse pas l'unanimité, l'application de cette loi, soutenue par un grand nombre de citoyens et d'institutions, y compris par les autorités religieuses islamiques en France, a été respectée jusqu'ici sans problème.

Paradoxalement, les plus ardents défenseurs du droit de porter le hidjab à l'école provenaient des intellectuels progressistes anticléricaux, au nom des libertés individuelles, alors que le courant français plus conservateur s'y opposait, au nom de la laïcité et de l'égalité des sexes. Les détracteurs de cette loi soutiennent qu'elle a entraîné l'exclusion de jeunes filles voilées de l'école publique. Mais rien ne permet de confirmer cette allégation. Les observations faites dans les établissements scolaires français indiquent plutôt que, à quelques exceptions près, la plupart des jeunes filles ont consenti à enlever leur voile en réintégrant leur école.

Il est intéressant de relever ici certains arguments du rapport Stasi, car il illustre bien la conception française du rôle de l'État et de l'école dans la construction de valeurs communes. Cela est d'autant plus pertinent qu'un débat similaire a surgi au Québec qui a suscité des inquiétudes et des interrogations sur les valeurs de la laïcité et le rôle de l'école.

Le rapport Stasi commence par situer le contexte de l'intégration des immigrants en France qui connaissent des conditions de vie difficiles dans les banlieues (particulièrement pour les communautés maghrébines) touchées par le chômage, la discrimination et l'exclusion, ce qui rend les jeunes plus réceptifs à l'idéologie des groupes islamistes à l'œuvre en France comme ailleurs. Ces groupes organisés préconisent le retour aux valeurs traditionnelles et l'affirmation identitaire musulmane et incitent les jeunes à rejeter les valeurs occidentales. Le rapport souligne que ces conditions difficiles se conjuguent avec la conjoncture internationale et le conflit au Proche-Orient, contribuant ainsi à aggraver la situation et à provoquer des affrontements dans les villes. Tenant compte de ce contexte national et international et des menaces qu'il fait planer sur les valeurs communes, plusieurs concitoyens, dit-il, « appellent de leurs vœux la restauration de l'autorité républicaine et tout particulièrement à l'école[2] ». C'est dans ce contexte que s'inscrivent les recommandations et l'argumentaire avancés dans le rapport Stasi, dont voici quelques extraits :

> L'État laïque, garant de la liberté de conscience, outre la liberté de culte ou d'expression, protège l'individu ; il permet librement à tous de choisir ou non, une option spirituelle et religieuse, d'en changer ou d'y renoncer. Il s'assure qu'aucun groupe, aucune communauté ne peut imposer à quiconque une appartenance ou une identité confessionnelle, en particulier en raison de ses origines. Il protège chacune et chacun contre toute pression, physique ou morale, exercée sous couvert de telle ou telle prescription spirituelle ou religieuse. La défense de la liberté de conscience individuelle contre tout prosélytisme vient aujourd'hui compléter les notions de séparation et de neutralité centrales dans la loi de 1905.
>
> Cette exigence s'applique d'abord à l'école. Les élèves doivent pouvoir dans un climat de sérénité s'instruire et se construire afin d'accéder à l'autonomie de jugement. L'État doit empêcher que leur esprit soit harcelé par la violence et les fureurs de la société : sans être une chambre stérile, l'école ne saurait devenir la chambre d'écho des passions du monde, sous peine de faillir à sa mission éducative.
>
> (...) En cela, l'école doit permettre aux élèves d'exercer leur jugement sur les religions et la spiritualité en général dans la multiplicité de

2. Rapport Stasi, p. 5.

leurs manifestations, y compris leurs fonctions politiques, culturelles, intellectuelles et juridiques.

(…) La laïcité crée une responsabilité à la charge de l'État. Favoriser l'enrichissement de la connaissance critique des religions à l'école peut permettre de doter les futurs citoyens d'une formation intellectuelle et critique. Ils peuvent ainsi exercer la liberté de pensée et de choix dans le domaine des croyances.

(…) Dans la conception française, la laïcité n'est pas un simple « garde-frontière » qui se limiterait à faire respecter la séparation entre l'État et les cultes, entre la politique et la sphère spirituelle ou religieuse. L'État permet la consolidation des valeurs communes qui fondent le lien social dans notre pays. Parmi ces valeurs, l'égalité entre l'homme et la femme, pour être une conquête récente, n'en a pas moins pris une place importante dans notre droit. Elle est un élément du pacte républicain d'aujourd'hui. L'État ne saurait rester passif face à toute atteinte à ce principe. Ce faisant, la laïcité ne se substitue pas à d'autres exigences spirituelles ou religieuses. Elle réitère seulement que l'État défend les valeurs communes de la société dont il est issu. Portée par une vision forte de la citoyenneté qui dépasse les appartenances communautaires, confessionnelles ou ethniques, la laïcité crée à l'État des obligations à l'égard des citoyens[3].

Malgré les différences de contexte et de statut entre la France et le Québec, cette analyse du rôle de

3. *Ibid.*, p. 12-13.

l'école et de l'État dans la construction des valeurs communes nous paraît fort pertinente.

La laïcité des États-Unis

Aux États-Unis comme en France, la laïcité est inscrite dans la Constitution, mais son application concrète est très différente. Chez les Pères fondateurs des États-Unis d'Amérique, la laïcité est un concept incontournable, comme en témoignent leurs écrits de la fin du XVIIIᵉ et du début du XIXᵉ siècle. Nulle part, il n'est fait référence à Dieu dans la Constitution pas plus que dans la Déclaration des droits (comme on désigne les 10 premiers amendements). Dans le premier amendement de la Constitution de 1787, la religion est officiellement séparée de l'État et la Constitution précise qu'il n'y a pas de religion reconnue par l'État. Celle-ci met l'accent sur la protection de la diversité religieuse, considérée comme une valeur, et garantit la liberté de culte et la non-ingérence de l'État dans les religions.

Cependant, il ne fait aucun doute que les États-Unis sont fortement imprégnés des valeurs chrétiennes (traditions catholiques et protestantes, puritaine, baptiste, méthodiste et autres). Des sondages récents révèlent un taux de fréquentation des offices religieux beaucoup plus élevé aux États-Unis qu'en Europe. Environ 80 % des Américains se disent croyants et plus de la moitié sont pratiquants. L'appartenance à une Église est donc chose très courante aux États-Unis. Cela signifie appartenir à une communauté et en recevoir de l'aide au besoin.

Les références à Dieu sont omniprésentes dans les discours et dans les pratiques politiques. Par exemple, le président George W. Bush ne manque pas une occasion d'affirmer publiquement ses croyances et sa ferveur religieuses. En témoigne aussi la devise nationale *In God We Trust*, inscrite sur tous les billets de banque et toutes les pièces de monnaie. Toutefois, les historiens font remarquer que cette devise ne réfère à aucune religion particulière. Son adoption comme devise officielle en 1956 s'inscrivait dans le contexte de la guerre froide et visait à affirmer des valeurs de croyance en Dieu en opposition à l'athéisme du camp communiste.

Les historiens soulignent aussi qu'en refusant toute ingérence de l'État dans la vie religieuse des citoyens, les États-Unis ont réussi à attirer de nombreux immigrants fuyant les persécutions dans leur pays d'origine. C'est ainsi que s'y établirent des communautés mennonites, amish, quakers et d'autres. Les pogroms de Russie et les persécutions antisémites de l'Allemagne nazie puis de l'Europe poussèrent également de nombreux juifs à s'établir aux États-Unis. La grande tolérance de toutes les religions et de toutes les sectes a donc produit un modèle unique et paradoxal.

Laïque dans sa Constitution, mais religieux dans ses pratiques, le modèle des États-Unis se distingue nettement de celui de la France. Ainsi, au nom de la non-ingérence, l'État fédéral américain ne subventionne aucune école religieuse, contrairement à la France. Mais plusieurs États interprètent la liberté de religion comme incluant la liberté des groupes religieux de préserver leurs coutumes, encourageant ainsi un modèle communautariste dans lequel le fondamentalisme religieux prospère (le terme «fondamentalisme», plutôt qu'«intégrisme», est couramment utilisé pour désigner le courant conservateur protestant).

De fait, on peut constater aujourd'hui que le fondamentalisme, protestant et évangélique, prospère aux États-Unis et que l'influence de ces groupes religieux est très visible dans le domaine politique. Sans nécessairement remettre en cause le principe de laïcité, ces groupes sont bien organisés, capables de mobiliser les masses, d'amasser des ressources importantes et surtout d'exercer une influence croissante dans la société, tant au niveau social que politique. Ainsi, ces groupes interviennent régulièrement dans les campagnes électorales et effectuent des collectes de fonds importantes en faveur du candidat ou du parti de leur choix. L'élection du président George W. Bush, qui appartient à l'Église méthodiste unie (la même que Hilary Clinton), a été influencée par de tels appuis. Qu'ils soient modérés ou radicaux, ces groupes interviennent aussi dans les politiques publiques, notamment sur la question de l'avortement ou des droits des homosexuels, afin d'influencer les législations en faveur de leurs valeurs religieuses conservatrices. Les droits et les acquis récents des femmes sont donc de plus en plus menacés aux États-Unis. Par exemple, la Maison-Blanche, sous la gouverne du président Bush, a décidé de soutenir les Faith-Based and Community Initiatives, qui mêlent la religion aux politiques sociales. Cela s'est traduit entre autres par la suspension des subventions accordées aux organisations non gouvernementales qui soutiennent des programmes de planning familial, au pays et à l'étranger.

On est très loin ici du modèle français, où l'État exerce un rôle de leadership pour mettre en application le principe de séparation de l'Église et pour éviter toute ingérence religieuse dans les affaires publiques. Le modèle des États-Unis conduit au contraire à l'empiètement du religieux dans les affaires de l'État. La situation est bien différente aussi du Québec, où les pratiques religieuses connaissent une baisse remarquable, au point de pousser nombre d'églises à fermer leurs portes ou à vendre leur bâtiment à d'autres confessions minoritaires.

La laïcité turque

La Constitution turque (de 1921) a fait de la Turquie le premier État laïque dans le monde musulman, et elle reste le seul à ce jour[4]. À partir de 1924, la laïcité est devenue le principe fondateur de la nouvelle Turquie, émergeant du démantèlement de l'empire ottoman. Sous la gouverne de son premier président Mustapha Kemal Ataturk, une série de réformes a été mise en place dans la nouvelle République turque, incluant entre autres la suppression du califat et des tribunaux religieux, la réorganisation du système judiciaire sur le modèle français et l'interdiction des confréries religieuses, dissoutes par une série de décrets à partir de 1925 pour éliminer les poches de résistance à la laïcisation.

Mais, contrairement à la laïcité française, la laïcité turque n'est pas fondée sur le principe de séparation. Si la religion est progressivement évacuée de la sphère publique, l'État exerce toujours un contrôle sur l'islam et dicte les règles en matière de religion. Ainsi, la Direction des affaires religieuses est placée

4. Cette section s'inspire entre autres d'un article de Jean-Paul BURDY et Jean MARCOU, « Laïcité/Laiklik : Introduction », paru dans les *Cahiers d'études sur la Méditerranée orientale et le monde turco-iranien*, n° 19, janvier-juin 1995.

sous l'autorité du premier ministre qui contrôle les mosquées, nomme ou destitue les imams et les muezzins, contrôle leur formation dans les écoles de prédicateurs et supervise tous les ouvrages d'enseignement de l'islam. C'est ce qui fait dire à plusieurs que la Turquie a instrumentalisé l'islam au profit du projet kémaliste.

Des critiques, comme Burdy et Marcou, estiment que la laïcisation turque s'est faite de façon très autoritaire, imposée par le haut, sans bénéficier d'une base sociale suffisante. Son impact varie aujourd'hui selon les régions et les couches sociales. Face à la montée du mouvement intégriste qui s'est manifesté à partir des années 1990 en Turquie, l'État a répondu par la répression. Se considérant comme la protectrice de l'héritage kémaliste, l'armée turque est intervenue à quelques reprises pour empêcher les partis religieux de gagner les élections. Ainsi, paradoxalement, aux yeux de l'opinion publique turque, le courant laïque est aujourd'hui associé à la répression autoritaire de l'État, et le mouvement religieux à la démocratie.

Le gouvernement de Turquie a même interdit un parti islamique populaire, le Refah. Cette décision a été contestée devant la Cour constitutionnelle de Turquie qui a débouté le parti religieux, estimant « que le projet politique du Refah était dangereux pour les droits et libertés garantis par la Constitution turque, dont la laïcité, et qu'il avait des chances réelles de mettre en application son programme s'il accédait au pouvoir[5] ».

5. *Ibid.*

La polémique autour du voile en Turquie

Le port du voile par les femmes est interdit depuis long-temps dans les administrations et dans les écoles en Turquie. Cela n'a pas empêché l'apparition du phéno-mène du voile dans les années 1990. Confrontée à cette revendication, la Cour constitutionnelle turque a réi-téré l'interdiction du port du voile à l'école et dans les institutions. Son jugement stipule que «l'État doit in-tervenir pour garantir une véritable liberté de cons-cience, qui ne peut exister que dans un État laïque».

Selon la Constitution turque, la laïcité est définie comme étant

> l'interdiction de «l'abus de religion», consistant à faire reposer, fût-ce partiellement, l'ordre social, économique, politique ou juridique de l'État sur des préceptes religieux.

> (…) la laïcité signifie que tout signe religieux in-diquant une appartenance religieuse porte en lui le germe de la discrimination, du privilège et à ce titre doit être interdit dans le secteur public.

Acclamé par les uns et décrié par d'autres, le mo-dèle de laïcité adopté par la Turquie est donc plus ra-dical que celui de la France. Ce modèle de laïcité fait qu'aujourd'hui, à certains égards, la société turque a plus d'affinités avec l'Europe qu'avec le monde isla-mique. Le pays a d'ailleurs demandé son admission dans l'Union européenne, ce qui a provoqué des ré-sistances du côté européen. Un lobby turc à Bruxel-les tente à présent de faire avancer ce processus. Pré-cisons que la Turquie est assez homogène du point de vue confessionnel, avec 99,8 % de musulmans et de très petites minorités religieuses, surtout chrétiennes et juives (0,2 %).

Bien que cet exemple soit unique en terre d'islam, la Turquie n'est pas le seul pays musulman à connaître des conflits internes autour de la laïcisation. Rappelons que plusieurs pays musulmans (comme l'Égypte, l'Algérie, la Tunisie et d'autres) ayant acquis leur indépendance au lendemain de la Seconde Guerre mondiale ont adopté des réformes pragmatiques qui ont eu pour effet de réduire l'emprise du pouvoir religieux sur les affaires publiques. Ces réformes ont été contestées avec la montée du mouvement intégriste qui s'est renforcé avec la révolution iranienne et s'est étendu à tous les pays musulmans. Il est faux de croire, comme l'affirme le mouvement intégriste, que l'islam est totalement incompatible avec la laïcité.

Au début du XXᵉ siècle, nombre de théologiens islamiques de tendance modérée se montraient favorables à la modernisation et affirmaient en citant le Coran qu'« il n'y a pas de contrainte en religion » (sourate 2, verset 256) pour appuyer l'idée que l'islam n'est pas incompatible avec la liberté religieuse. Ces théologiens ont d'ailleurs appuyé les réformes des pays musulmans allant dans le sens de la laïcisation. Malheureusement, aujourd'hui, la plupart des pays musulmans, dont plusieurs abritent des minorités religieuses anciennes, nient la liberté religieuse et la liberté de conscience, notamment en interdisant le prosélytisme de toute autre religion ainsi que la conversion de musulmans à d'autres religions, et en considérant que l'apostasie (c'est-à-dire l'abandon de la foi) est un crime passible de la peine de mort.

Depuis les années 1980, le monde musulman est déchiré par des conflits culturels et politiques qui opposent les défenseurs de la laïcité, partisans d'une séparation entre religion et politique, aux anti-laïcisation, qui veulent islamiser tous les aspects de la société. Avec l'émigration croissante des pays musulmans vers l'Europe et vers l'Amérique du Nord, plusieurs pays occidentaux ont été directement touchés par cette vague d'islamisation au cours des deux dernières décennies. La contestation des principes de laïcité par leurs concitoyens est doublement renforcée par l'influence du mouvement intégriste au sein des communautés musulmanes de la diaspora et par les nombreux obstacles rencontrés (chômage, sentiment de discrimination, préjugés, etc.) dans les pays d'accueil.

Au Québec comme ailleurs, les communautés musulmanes sont profondément divisées entre les tenants de la laïcisation et les opposants à ce principe. On aurait donc tort de croire que tous les musulmans se situent du même bord dans ce débat.

Sur le plan du droit international et européen

La question de la liberté religieuse est notamment traitée dans le texte de la Déclaration universelle des droits de l'homme (1948), dans la Convention pour la lutte contre la discrimination dans l'enseignement, adoptée sous l'égide de l'Unesco, et dans les deux Pactes internationaux de l'ONU (1966), sur les droits civils et politiques, d'une part, et sur les droits économiques, sociaux et culturels, d'autre part[6].

L'Union européenne ne fait aucune mention de la laïcité dans ses textes fondateurs, car ce concept

6. Cette section s'inspire du rapport Stasi, p. 18-19.

n'est pas partagé par tous ses États membres. Toutefois, la Convention européenne des droits de l'homme et des libertés fondamentales protège la liberté religieuse (art. 9) sans en faire un droit absolu. Un État peut donc y apporter des limites, dans la mesure où cette restriction est prévue dans ses lois, qu'elle correspond à un but légitime et qu'elle est jugée nécessaire dans une société démocratique. Au cours des dernières années, la Cour européenne a été interpellée sur la base de l'article 9 dans divers cas de contestation. Quatre exemples parmi d'autres, cités dans le rapport Stasi, nous semblent pertinents.

Dans le premier cas, l'arrêt Karadum contre Turquie du 3 mai 1993, la Cour européenne, après avoir reconnu qu'il existe en Turquie un enseignement privé parallèle à l'enseignement public, a admis l'interdiction du port de signes religieux dans les établissements publics d'enseignement supérieur turcs « en raison de la nécessité de protéger les femmes contre les pressions[7] ».

Dans le deuxième cas, l'arrêt Valsamis contre Grèce du 6 juillet 1995, la Cour européenne a estimé « qu'une élève ne pouvait invoquer ses convictions religieuses pour refuser de se soumettre aux règlements de l'école[8] », notamment concernant le code vestimentaire.

Dans le troisième cas, l'arrêt Dahlab contre Suisse du 15 février 2001, relatif à une enseignante du canton de Genève ayant subi des sanctions disciplinaires pour refus d'enlever le voile, la Cour de Strasbourg a rejeté sa requête, considérant que l'interdiction de porter le voile islamique dans le cadre de ses fonctions

---

7. *Ibid.*, p. 19.
8. *Ibid.*

d'enseignante au primaire «constituait une mesure nécessaire dans une société démocratique[9]».

Le dernier cas concerne également la Turquie : l'arrêt Refah Partisi (parti de la prospérité) et autres contre Turquie du 13 février 2003. La décision de la Turquie d'interdire le parti religieux Refah a été contestée devant la Cour européenne des droits de l'homme. Cette dernière, reconnaissant que la laïcité tenait une place importante dans la Constitution turque, a jugé que le gouvernement n'avait pas enfreint la Convention européenne par sa dissolution du parti Refah.

Ce cas est intéressant, car il soulève le dilemme éthique que pose de plus en plus la popularité croissante de partis religieux qui réussissent parfois à accéder au pouvoir par la voie électorale, pour ensuite rejeter les principes de démocratie et les libertés fondamentales.

Ces exemples démontrent que dans le contexte de la mondialisation et de la migration croissante des populations, tous les pays sont aujourd'hui touchés par la multiplication des revendications religieuses, souvent liée à la montée des intégrismes religieux. Comment faire face à ces revendications, présentées au nom des libertés individuelles, quand on sait que l'idéologie qui les inspire tend à nier des libertés fondamentales, notamment les droits des femmes mais aussi la liberté d'expression et la liberté de conscience (le droit de croire ou de ne pas croire, de pratiquer ou non des préceptes religieux) ? C'est le défi de taille que soulève la montée des intégrismes religieux de toute origine dans tout système démocratique et pluraliste qui voudrait le rester.

9. *Ibid.*

CHAPITRE IV

Le contexte québécois et canadien

Au Québec et au Canada, le débat soulevé par les pratiques d'accommodement raisonnable liées aux revendications religieuses se situe dans un contexte où la laïcité n'est pas formellement inscrite dans la Constitution, mais où un processus de laïcisation a été amorcé depuis plusieurs décennies déjà. L'approche juridique axée sur les accommodements raisonnables semble aller à l'encontre du processus de laïcisation. De plus, les chartes québécoise et canadienne, qui interdisent toute discrimination fondée sur la religion afin de protéger les libertés individuelles, n'ont pas été conçues pour tenir compte de la montée des intégrismes religieux qui menace des libertés fondamentales.

Constitution et charte canadienne

La première Constitution canadienne de 1867 ne faisait nulle mention de Dieu et restait muette sur les relations entre l'Église et l'État. Curieusement, le préambule de la Constitution actuelle de 1982 proclame que « le Canada est fondé sur des principes qui reconnaissent la suprématie de Dieu et la primauté du droit ». Toutefois, comme le relève Micheline Milot, le jugement O'Sullivan c. MRN (1992) rendu par la Cour fédérale indique que « ce principe empêche le Canada de devenir un pays athée, mais ne l'empêche pas d'être un État laïque[1] ».

Avec le rapatriement de la Constitution canadienne, le gouvernement de Trudeau y a enchâssé la Charte canadienne des droits et libertés (1982). Celle-ci garantit certains principes laïques, notamment « la liberté de conscience et de religion ; la liberté de pensée, de croyance, d'opinion et d'expression, de réunion pacifique et d'association » (art. 2). La charte interdit les discriminations « fondées sur la race, l'origine nationale ou ethnique, la couleur, la religion, le sexe, l'âge ou les déficiences mentales ou physiques » (art. 15). La liberté de conscience est généralement interprétée comme incluant la liberté de croire ou de ne pas croire, de changer de religion ou encore de n'en pratiquer aucune. Conformément à la politique du multiculturalisme canadien, la charte canadienne affirme aussi que « toute interprétation de la présente charte doit concorder avec l'objectif de promouvoir le maintien et la valorisation du patrimoine multiculturel des Canadiens » (art. 27) et garantit le maintien des droits relatifs « aux écoles séparées et autres écoles confessionnelles » (art. 29).

Cette dernière clause offre aux minorités culturelles et religieuses le droit d'avoir leurs propres écoles privées, financées partiellement par l'État. Des écoles protestantes et juives hassidiques existent depuis longtemps au Québec et au Canada. Plus récemment des écoles musulmanes ont vu le jour à Montréal. Celles-

1. Micheline MILOT, « Les principes de laïcité politique au Québec et au Canada », *Bulletin d'histoire politique*, vol. 13, n° 3, *La laïcité au Québec et en France*, Lux Éditeur, printemps 2005, p. 14.

ci imposent le port du voile à toutes les écolières ainsi qu'aux enseignantes. Un avis de la Commission des droits de la personne a mis un terme à leur pratique d'imposer aux enseignantes non musulmanes le port du voile. Toutefois, cet avis ne protège pas les élèves et les enseignantes musulmanes qui ne veulent pas le porter, ce qui contrevient à leur liberté de conscience reconnue dans la charte.

Laïcisation de la société québécoise

L'emprise exercée autrefois par l'Église catholique dans tous les domaines sociaux et politiques commence à s'effriter au lendemain de la Seconde Guerre mondiale. Avec la Révolution tranquille, la langue et la culture deviennent les principaux éléments rassembleurs et la nouvelle identité québécoise ne se définit plus par la confession catholique.

Avant même le Canada, le Québec adoptait en 1975 une Charte des droits et libertés de la personne qui a préséance sur toutes les autres lois de l'Assemblée nationale. Dans son préambule, la charte québécoise souligne que «les droits et libertés de la personne humaine sont inséparables des droits et libertés d'autrui et du bien-être général». Elle proclame que «toute personne est titulaire des libertés fondamentales, telles la liberté de conscience, la liberté de religion, la liberté d'opinion, la liberté d'expression, la liberté de réunion pacifique et la liberté d'association» (art. 3).

Tout comme la charte canadienne, elle interdit également toute discrimination fondée «sur la race, la couleur, le sexe, la grossesse, l'orientation sexuelle, l'état civil, l'âge sauf dans la mesure prévue par la loi, la religion, les convictions politiques, la langue, l'origine ethnique ou nationale, la condition sociale, le handicap ou l'utilisation d'un moyen pour pallier ce handicap» (art. 10). Elle précise que les lieux publics sont accessibles à tous sans discrimination (art. 15).

La charte québécoise affirme enfin le droit des parents «d'assurer l'éducation religieuse et morale de leurs enfants conformément à leurs convictions, dans le respect des droits de leurs enfants et de l'intérêt de ceux-ci» (art. 41). Elle soutient le droit des minorités ethniques «de maintenir et de faire progresser leur propre vie culturelle avec les autres membres de leur groupe» (art. 43). Cependant, elle précise aussi que «la Charte doit être interprétée de manière à ne pas supprimer ou restreindre la jouissance ou l'exercice d'un droit ou d'une liberté de la personne qui n'y est pas inscrit» (art. 50).

On constate ici que ce n'est pas uniquement la politique tant décriée du multiculturalisme qui impose le respect des droits des minorités de maintenir leur propre culture, mais également la charte québécoise. Bien entendu, ni la charte canadienne ni la charte québécoise n'avaient prévu les défis que posent aujourd'hui les intégrismes religieux qui se réclament des libertés inscrites dans les chartes pour imposer une idéologie qui tend à nier des libertés fondamentales. C'est ce qui fait dire à plusieurs critiques qu'il faudrait revoir les chartes à la lumière des nouvelles réalités et des dérives que leur application entraîne parfois.

La déconfessionnalisation de l'enseignement

L'adoption de la Charte de la langue française en 1977 qui oblige les enfants d'immigrants à fréquenter l'école française a transformé la réalité scolaire, particulièrement à Montréal où se concentre l'immigration. Cette loi a obligé l'école publique à s'ouvrir à la diversité culturelle et religieuse et à assumer ses responsabilités en matière d'intégration et de francisation des nouveaux immigrants. La présence de groupes religieux minoritaires (musulmans, sikhs, bouddhistes et autres), concentrés dans certains quartiers multiethniques de Montréal, pose de nouveaux défis et interpelle les institutions scolaires.

Sous la poussée d'une vaste coalition du Mouvement laïque du Québec, arguant de la nécessité de s'adapter à la diversité culturelle et religieuse, le gouvernement québécois obtient en 1998 la modification de l'article 93 de la Constitution canadienne, afin de lui permettre de remplacer les commissions scolaires confessionnelles, catholique et protestante, par des commissions scolaires linguistiques. Ce changement a suscité la résistance des régions peu concernées par le pluralisme culturel. Pour calmer l'opposition et ménager les susceptibilités, l'enseignement religieux catholique et protestant a été maintenu, avec l'option d'enseignement moral pour les enfants dont les parents font ce choix.

Le projet de loi 95, adopté le 15 juin 2005, a modifié la loi sur l'instruction publique pour mettre fin à l'enseignement religieux dans les programmes primaires et secondaires. Il prévoit également de modifier la Charte des droits et libertés de la personne concernant le droit des parents d'assurer l'éducation religieuse et morale de leurs enfants, droit désormais reconnu en dehors de l'école publique. Un nouveau programme d'éthique et de culture religieuse remplacera, à compter de septembre 2008, l'enseignement confessionnel à l'école. Ce changement de cap a suscité des remous importants et un débat très polarisé dans le milieu scolaire. Il a été salué par les uns et décrié par les autres comme une forme de relativisation de toutes les religions plutôt qu'une marque de respect de celles-ci.

À mon avis, il faut situer le débat récent soulevé par les accommodements raisonnables dans ce contexte particulier où le Québec s'apprête à mettre un terme, à compter du 1er juillet 2008, aux clauses dérogatoires. Ces clauses permettaient jusque-là de protéger l'enseignement catholique et protestant dans les écoles publiques contre toute contestation fondée sur la charte québécoise, qui interdit la discrimination pour des motifs religieux (art. 10).

Compte tenu de ce contexte, on est en droit de se demander s'il n'y a pas un lien entre la déconfessionnalisation de l'enseignement public au Québec et la controverse soulevée par les accommodements raisonnables, du moins aux yeux de la population. Pourquoi, se disent certains, faut-il supprimer la croix sur les murs de l'école et se départir du droit à l'enseignement religieux, alors que nous sommes tenus de faire des accommodements pour répondre aux revendications religieuses issues des minorités ? Ce paradoxe apparent mérite clarification pour dissiper toute confusion pouvant alimenter le ressentiment à l'égard des minorités.

Il est important d'insister sur le fait que la déconfessionnalisation de l'enseignement s'inscrit dans un processus historique de laïcisation, amorcé depuis plusieurs décennies déjà et que la nouvelle politique vise à compléter. Ici comme ailleurs, ce processus ne se fait pas sans heurts entre les défenseurs de la laïcité et les croyants plus attachés aux symboles et aux pratiques religieux.

Objectivement parlant, la déconfessionnalisation de l'enseignement public n'a rien à voir avec les accommodements raisonnables et elle a peu à voir avec l'immigration. Même si ses promoteurs utilisent l'argument du pluralisme religieux pour accélérer le processus de laïcisation, à mon avis, il s'agit là d'une orientation politique qui est légitime même en l'absence du pluralisme religieux. Les immigrants sont d'ailleurs les premiers surpris de cette évolution des choses, dont ils ne saisissent pas toujours le sens et qu'ils désapprouvent parfois. Ironiquement, la majorité des nouveaux immigrants sont de confession catholique et plusieurs sont de fervents pratiquants qui auraient, sans doute, souhaité conserver le privilège de l'enseignement religieux à l'école, s'ils en avaient eu le choix.

Les polémiques autour du voile et du kirpan à l'école

Ces dernières années, deux polémiques ont été soulevées au Québec concernant le port de symboles religieux à l'école. L'une concernait le port du hidjab à l'école (en 1994), l'autre concernait le port du kirpan (en 2001) – il s'agit d'un poignard dont la lame atteint une dizaine de centimètres.

En 1995, l'avis juridique de la Commission des droits de la personne sur le voile concluait que «les écoles publiques ne pouvaient interdire l'accès à leurs services à des élèves portant le foulard islamique pour des motifs religieux[2]». Dix ans plus tard, en 2005, la question du voile a surgi à nouveau, dans le cas d'une

2. Avis disponible sur le site de la Commission : <www.cdpdj.qc.ca>.

école privée catholique. L'avis de la Commission affirmait encore une fois que les écoles privées sont, elles aussi, tenues d'accommoder les personnes en tenant compte de leurs besoins religieux.

En novembre 2001, l'interdiction de porter le kirpan, faite à un élève par un directeur d'école secondaire, a suscité la controverse. Le cas a été porté devant les tribunaux, puis le jugement porté en appel. La Cour suprême du Canada a finalement autorisé le port du kirpan à l'école, moyennant un accommodement permettant de le rendre « raisonnablement inoffensif » en l'insérant dans un étui de tissu cousu. Bien que ne faisant pas l'unanimité, ces décisions juridiques continuent de faire autorité dans les écoles du Québec. Nous reviendrons plus loin sur les enjeux sous-jacents à ces pratiques.

Il apparaît ici clairement que les décisions juridiques canadiennes reposent sur une interprétation de la liberté religieuse assez large, qui diffère d'autres interprétations juridiques qui ne sont pas moins respectueuses des libertés fondamentales. Compte tenu de l'importance de la jurisprudence qui contribue à établir de nouvelles normes sociales, il est nécessaire de revoir les interprétations récentes à l'occasion du débat sur les accommodements raisonnables. Il ne faut pas oublier que c'est la société qui détermine son propre droit, même si celui-ci la façonne en retour.

CHAPITRE V

Les enjeux sociaux

À partir des cas ayant soulevé la controverse dans les médias, on peut distinguer les catégories suivantes parmi les revendications religieuses :

- le port de symboles religieux dans les institutions ;
- la ségrégation sexuelle dans l'espace public accompagnée du refus de faire affaire avec une femme ou une personne de l'autre sexe ;
- les demandes de salles de prière dans les institutions ;
- l'application de principes religieux au plan juridique.

Vues sous l'angle des droits et libertés individuels, la plupart de ces revendications ne posent pas de problème insurmontable à leur satisfaction. C'est collectivement que ces revendications, bien que parfaitement légitimes aux yeux des croyants, remettent en question le modèle de société séculier ainsi que certains droits collectifs.

Le malaise ou l'hostilité soulevés par ces revendications sont liés au fait qu'elles touchent à des valeurs consensuelles concernant l'égalité des sexes mais aussi la place de la religion dans la société. Le Québec a connu, comme la France, l'emprise de l'Église catholique qui exerçait son pouvoir au niveau politique et social. Plusieurs se souviennent encore, avec amertume, de l'opposition féroce de l'Église au droit de vote pour les femmes, à leur accès à toutes les professions, de son interdiction de la contraception, de l'avortement et du divorce, et de l'excommunication des personnes qui osaient refuser ces impératifs religieux, sans parler de l'opposition aux droits des homosexuels. Avec l'émergence d'un nouveau modèle séculier de société, l'Église catholique a dû battre en retraite et accepter de s'en tenir à son rôle de guide spirituel, limité à la sphère privée.

Compte tenu de ces acquis récents, comment accepter d'appuyer des revendications issues des minorités religieuses qui émanent d'une conception patriarcale de la société et qui renforcent l'influence du religieux dans la sphère publique ? En cédant à ces demandes, plusieurs craignent de redonner ainsi au religieux un pouvoir d'influence sur le domaine social et politique. Ce n'est donc pas la liberté religieuse qui est ici en cause, mais plutôt la délimitation du public et du privé et la place de la religion dans la société.

En ce sens, n'est-il pas parfaitement légitime pour l'État comme pour la société civile de chercher à protéger le modèle de société construit historiquement à travers des luttes importantes, qui ont réussi à dégager l'espace de liberté nécessaire en restreignant l'empiétement du religieux ? La question est de savoir comment y parvenir, sans pour autant brimer les libertés fondamentales des minorités religieuses, et sans provoquer des crispations identitaires qui risquent d'alimenter des conflits sociaux dommageables.

Il n'existe pas de solution simple à cette question. Tous les pays démocratiques font face à ce grand défi aujourd'hui et se tournent les uns vers les autres, à la recherche du modèle à suivre. Chose certaine, la politique du laisser-faire n'est pas la meilleure à long terme. Il est nécessaire de commencer par analyser les enjeux sous-jacents à chaque type de demande, afin de pouvoir dégager des balises permettant de faire face aux revendications religieuses dans le respect de tous et de toutes.

Le port de symboles religieux

Bien que la controverse suscitée par le port de symboles religieux ait été réglée au Québec et au Canada en autorisant ces symboles à l'école et dans d'autres institutions, il est important d'analyser les risques et les enjeux sous-jacents à cette pratique. Ces enjeux ne sont pas nécessairement les mêmes selon les lieux où se manifeste cette forme d'expression religieuse.

Une des premières controverses médiatisées relative au port d'un symbole religieux concernait un commissaire de la Gendarmerie royale du Canada (GRC) de Calgary voulant porter le turban sikh avec son uniforme (affaire Grant, Cour d'appel fédérale, 1995). La cause fut portée devant les tribunaux et le jugement final conclut qu'il n'y avait pas, constitutionnellement, d'empêchement au port du turban sikh dans cette force policière.

Cette décision juridique s'inspirait de la pratique britannique autorisant le port de symboles religieux dans l'armée au sein de ses colonies. À première vue, cette décision apparaissait comme un effort louable d'ouverture au pluralisme culturel, dans le respect de l'identité religieuse des personnes concernées. Toutefois, certains critiques soutiennent que cette décision a été prise de manière irréfléchie, sans évaluer correctement ses implications sociales dans une société multiculturelle comme la société canadienne. Il est intéressant de citer à ce sujet l'analyse critique d'un professeur de sciences de la religion de l'Université de Carleton (Ottawa), Antonio Gualtieri, qui permet d'approfondir le sens et la fonction des symboles religieux :

> Les croix, les turbans et les autres signes d'appartenance religieuse ne sont pas de simples éléments décoratifs ; ils comptent beaucoup pour les personnes qui les utilisent, étant donné la signification personnelle et morale que la communauté d'appartenance leur impute. Un symbole religieux est en quelque sorte le condensé d'une « vérité » (putative) ; il évoque une vision du monde, c'est-à-dire une compréhension de l'ultime, de l'être humain, de l'histoire, et de la nature. De plus, les symboles religieux véhiculent des valeurs qui sont compatibles avec cette compréhension de la réalité. Les visions du monde et des valeurs, par la suite, dictent ou induisent des balises d'action au plan de la morale personnelle et à celui des rapports sociaux.
>
> (…)
>
> Faisons d'abord une distinction entre l'État *qui accorde* une grande latitude quant aux pratiques religieuses dans la société en général, et l'*entrée subreptice* de symboles religieux dans les institutions qui symbolisent et rendent effectif l'ordre civil non-sectaire. UN NOUVEAU SYSTÈME DE COMMUNICATION EST INSTAURÉ LORSQU'ON ADMET AINSI, MINE DE RIEN, UN SYMBOLE RELIGIEUX PARTICULIER PARMI LES SYMBOLES DE L'ORDRE CIVIL.

(…) le turban est porteur de significations sikhs particulières, dont la communauté est le dernier juge. Toutefois, en soustrayant les sikhs Khalsa aux exigences du code vestimentaire uniforme, LA TO-LÉRANCE DU TURBAN PEUT AUSSI SYMBOLISER LA LÉGITIMITÉ DE L'INTRUSION D'UNE RELIGION PARTICULIÈRE DANS LE SYMBOLE SÉCULIER ET NEU-TRE QU'EST L'UNIFORME DE LA GRC. Même s'il n'y avait pas de conflit inhérent entre la vision du monde évoquée par ce symbole sikh et l'orienta-tion séculière signifiée par l'uniforme de la police, il y a toujours possibilité de conflit et de confusion au niveau de la symbolisation hybride. Le message que l'uniforme historique envoie est celui de l'im-partialité et de l'égale application des lois pour tous les citoyens et tous les groupes religieux dans une société multiculturelle. L'uniforme « religieu-sement altéré » (...) envoie un message brouillé qui pourrait signifier un privilège religieux – ce qui occulterait alors l'idée originale d'impartialité et de neutralité envers tous les sous-groupes qui constituent une société multiculturelle[1].

L'auteur ajoute que c'est dans ce cadre d'une so-ciété séculière que toutes les religions peuvent s'expri-mer librement et cohabiter pacifiquement en dépit de leurs divergences. Par conséquent, l'introduction de symboles religieux dans le cadre de fonctions séculiè-res compromet le modèle d'une société civile dont les

---

1. Antonio GUALTIERI, « Modernité séculière et identité religieuse : l'affaire du turban sikh à la Gendarmerie royale du Canada », *Religio-logiques*, nº 13, *Questions d'éthique en sciences des religions,* printemps 1996. Les passages soulignés par des petites capitales sont de nous pour mettre en exergue l'idée clé.

règles sont impartiales et applicables également à tous. Cela ne signifie pas que le port du turban sikh dans la GRC ouvre la porte à la domination des sikhs, dit-il :

> Toutefois, ce processus peut ouvrir une brèche dans le contrat social séculier qui existe *de facto* et qui rend possible l'harmonie sociale d'une société pluraliste. Le risque encouru est celui de la mise en place d'un climat de confusion, de suspicion et d'animosité – qui n'existe pas lorsque les frontières symboliques sont respectées.

Cette analyse judicieuse nous éclaire sur un des enjeux importants liés aux symboles religieux qui est totalement occulté dans l'approche juridique actuelle, préoccupée uniquement de sauvegarder la liberté individuelle de la personne revendiquant le port d'un symbole religieux. À mon avis, cette critique peut être étendue à d'autres domaines, notamment dans le milieu scolaire et sans doute aussi dans le milieu du sport d'équipe.

Lors d'un tournoi tenu à Laval récemment (février 2007), l'expulsion du match d'une joueuse de soccer ontarienne, âgée de 11 ans, à cause de son hidjab a suscité une vive controverse dans les médias. L'arbitre, de confession musulmane, justifiait le renvoi sur la base d'un règlement interdisant le port de tout objet (comme des bijoux) pouvant affecter la sécurité. Les médias et l'opinion publique, ainsi que certains politiciens, ont vivement condamné l'expulsion de la joueuse, considérant que l'argument de la sécurité était un prétexte et citant comme preuve le fait que d'autres ligues à travers le monde acceptent les joueuses portant le hidjab. L'Association internationale de football interpellée a refusé de se prononcer sur la question.

Il ne fait aucun doute que, du point de vue du droit individuel, la jeune fille musulmane avait parfaitement le droit de porter le hidjab sans encourir d'expulsion. Il est vrai aussi que l'argument de la sécurité paraît contestable en l'absence de preuve. Mais le fait que d'autres ligues n'interdisent pas le port du hidjab ne nous paraît pas suffisant pour clore le débat.

Ce cas devrait nous amener premièrement à questionner le discours religieux qui porte des jeunes filles prépubères à croire qu'il est impur de montrer leurs cheveux en public, ce qui les incite à vouloir absolument porter le hidjab, défiant pour cela tout règlement contraire des institutions dans lesquelles elles s'insèrent. Cette position leur confère un certain prestige au sein de leur communauté.

Deuxièmement, ce cas soulève aussi la question de savoir quel est le sens de l'uniforme dans le sport d'équipe, coutume fort répandue à travers le monde. Objectivement parlant, on pourrait soutenir que l'imposition d'un uniforme n'est pas vraiment nécessaire et qu'il suffirait de demander aux joueurs de porter un vêtement qui n'entrave pas leurs mouvements. À l'inverse, on pourrait arguer que l'uniforme imposé dans un sport d'équipe comporte une symbolique importante à respecter. En effet, l'uniforme contribue à créer un sentiment d'appartenance, de cohésion et de neutralité entre tous les membres de l'équipe, ce qui est de nature à favoriser la collaboration étroite requise pour réussir dans un match. Selon cette logique, l'autorisation du port de symboles religieux distinctifs ne risque-t-elle pas de créer un climat de confusion et de susciter le ressentiment à l'égard du privilège accordé, provoquant ainsi la division au lieu de l'harmonie recherchée au sein de l'équipe?

Un détail intéressant à relever dans le cas mentionné tient au fait que l'arbitre était lui-même de confession musulmane, ce qui interdisait toute accusation de racisme qui n'aurait pas manqué de fuser autrement. Cela devrait nous inciter à la plus grande prudence dans ce genre de situation, où les accusations non fondées sont fréquentes, ce qui a pour effet d'étouffer toute réflexion critique.

Une des stratégies favorites du mouvement intégriste insistant sur l'application rigide des préceptes religieux, c'est de provoquer des situations de victimisation réelle, ce qui lui permet de tirer profit du sentiment d'injustice et de révolte qu'il suscite chez les croyants, ralliant du même coup l'opinion publique en faveur des victimes. Les accusations de racisme à l'égard de toute opposition servent à susciter l'appui des défenseurs des droits humains aux revendications religieuses, ce qui accroît le pouvoir des groupes intégristes aux yeux des populations.

La manipulation des médias, prompts à monter en épingle le moindre cas de victimisation, contribue à renforcer les tendances intégristes, pour l'instant minoritaires, au détriment des tendances plus modérées au sein des communautés musulmanes vivant ici. Elle contribue aussi à une stigmatisation croissante des personnes musulmanes, dont la majorité s'oppose pourtant à l'intégrisme.

Bien entendu, l'enjeu lié à l'introduction de symboles religieux dans le domaine sportif paraît moins crucial que celui soulevé dans une fonction publique officielle, comme le cas de l'uniforme de la GRC.

Ainsi qu'on l'a noté plus haut, la controverse entourant le port du hidjab et du kirpan à l'école a été tranchée en faveur du port de ces symboles religieux. Il est intéressant de revenir sur les arguments qui soustendent ces décisions juridiques.

L'avis de la Commission des droits de la personne en faveur du port du voile à l'école publique (en 1995) se fondait sur le droit à l'égalité et sur le droit à l'instruction publique reconnus dans les chartes. Le second avis de la Commission concernant le port du voile dans une école privée catholique (en 2005) affirmait que les écoles privées doivent, elles aussi, tenir compte des besoins religieux des élèves. Dans le cas du kirpan (affaire Multani, Cour suprême, 2006), l'argument avancé par la Cour pour autoriser le port du kirpan à l'école était que son interdiction forçait le jeune élève à choisir entre l'accès à l'école publique et le respect de sa religion.

Une première critique qu'on pourrait formuler concernant l'approche juridique, c'est sa vision essentialiste des religions. Comme si le port de symboles religieux était absolument inhérent aux religions et que l'interdiction de ces symboles à l'école équivalût à nier la liberté de religion des minorités religieuses, et à nier du même coup leur droit d'accès à l'école publique, ce qui n'est évidemment pas le cas. Précisons qu'il ne s'agit pas ici du port de symboles religieux dans la société en général, mais bien à l'école, s'agissant d'élèves mineurs dans des écoles primaires et secondaires. On pourrait au contraire arguer que l'abandon des symboles religieux à la porte de l'école ne signifie nullement renoncer à ses croyances religieuses ni à ses droits. En témoigne le fait que la grande majorité des femmes et des fillettes musulmanes vivant au

Québec et au Canada ne portent pas le voile, sans que cela les empêche d'être des croyantes pratiquantes.

Deuxièmement, ces décisions juridiques s'appuient sur l'idée que pour être inclusive, l'école doit permettre l'expression des diverses croyances religieuses, afin de favoriser l'intégration des enfants de toutes origines. On est donc en droit de se demander si le port de symboles religieux à l'école favorise réellement l'intégration des enfants qui les portent ou s'il ne contribue pas plutôt à leur marginalisation.

La situation est sans doute différente selon l'âge des enfants. Pour les plus jeunes du niveau primaire, selon les observations rapportées par certaines enseignantes, les fillettes portant le voile refusent souvent de se mêler aux jeux des autres enfants ou même de s'asseoir à côté des garçons ou encore de participer à des activités ou à des sorties mixtes. On pourrait donc arguer que le port de symboles religieux ostensibles – selon l'expression utilisée en France, c'est-à-dire qui occupent un espace visuel important, contrairement au port d'un signe plus discret, tel un petit pendentif – érige une barrière autant physique que symbolique qui entrave la communication avec les membres des autres groupes. N'est-ce pas d'ailleurs en reconnaissant cet effet de barrière que certaines congrégations religieuses ont laissé tomber leur uniforme pour mieux s'intégrer à la population? Pourquoi en irait-il autrement pour des enfants à l'école?

Dans le contexte pluraliste actuel, les symboles religieux à l'école mettent en évidence les différences et tendent à isoler les enfants qui les portent. S'il est difficile de s'opposer à la marginalisation volontaire d'un adulte, il en va autrement pour des mineurs, dans un contexte scolaire.

On voit ainsi qu'à l'argument de l'inclusion formelle, qui autorise les individus et les groupes à conserver leurs valeurs intactes, on peut opposer l'argument de l'intégration à long terme, qui implique le partage de valeurs communes. C'est là le fondement de la citoyenneté moderne, axée sur le partage des mêmes droits et des mêmes obligations pour tous, indépendamment des croyances religieuses de chacun.

Troisièmement, on ne peut faire abstraction du sens des symboles religieux et des valeurs qu'ils soustendent, d'autant plus que ces symboles servent à construire l'image des personnes qui les portent et à définir leur rapport aux autres dans la société.

Dans le cas du kirpan, la décision d'autoriser son port à l'école en a surpris plusieurs. Cette décision a suscité l'hostilité à l'égard du jeune qui le portait, ce qui l'a poussé finalement à changer d'école. Ainsi, l'objectif d'inclusion a clairement échoué. Mais le blâme pour cet échec reposait sur le milieu scolaire qui n'a pas su faire preuve de tolérance. Pourtant, aux yeux des parents québécois et de la population en général, cette décision juridique paraissait peu légitime. Comment en effet justifier le port d'un poignard à l'école, symbole religieux pour les sikhs mais instrument de violence pour les autres?

L'argument juridique s'est attardé à démontrer que le port du kirpan ne représentait pas un risque réel, ayant exigé un compromis pour qu'il soit cousu dans un étui afin de le rendre inoffensif. Toutefois, la question soulevée ici n'est pas tant le risque réel lié à cette pratique, que le fait d'accepter ce symbole de violence, sans remettre en question les valeurs qu'il sous-tend. Indépendamment du contexte historique associé au kirpan, cela ne revient-il pas à conforter l'idée qu'on puisse se faire justice soi-même et défendre sa religion par une arme ? Ce message implicite n'est pas très rassurant dans un contexte pluraliste. Ironiquement, le port du kirpan n'est toujours pas autorisé dans les avions ni même à la cour qui a débattu de ce cas.

L'image des femmes en lien avec le hidjab

Dans le cas du hidjab, ce n'est pas pour rien que ce phénomène soulève tant de polémique à travers le monde, y compris dans les pays musulmans[2]. Ce symbole met à rude épreuve les principes de laïcité et d'égalité des sexes. Le voile a plusieurs significations qui ne sont pas mutuellement exclusives. À la fois symbole religieux, symbole de vertu et symbole d'affirmation identitaire pour celles qui le portent, le voile est perçu par les autres comme un symbole indéniable de la soumission des femmes. Dans la culture judéo-chrétienne, la chevelure des femmes est associée à leur pouvoir de séduction et donc l'obligation de se couvrir la tête considérée comme symbole de soumission.

Selon les interprétations les plus rigoristes de l'islam qui préconisent le port du hidjab, l'obligation de cacher la tête des femmes est justifiée sur des bases théologiques mais aussi sociologiques. Les justifications théologiques sont depuis longtemps source de divergences en islam. Au plan sociologique, cette obligation repose sur des principes de pudeur (*hichma*) et sur la

2. Pour une analyse plus complète du sens attribué au voile dit islamique et du lien avec le mouvement intégriste qui le prône activement depuis environ trois décennies, voir une autre publication de l'auteure, *Femmes voilées, intégrismes démasqués*, Montréal, VLB éditeur, 1996 et 2001.

nécessité de cacher le corps féminin, considéré comme source de souillure (*aoura*). D'après cette vision, la présence des femmes dans le domaine public est considérée comme source de chaos social (*fitna*). Ainsi, à défaut d'isoler les femmes dans la sphère privée, le fait de cacher leur tête et leur corps ou encore de les rendre invisibles sous le nikab (voile qui recouvre également le visage, ne laissant paraître que les yeux) vise à réduire les risques de désordre social découlant de leur présence au milieu des hommes. Cette vision implique également le refus de se soumettre à des lois laïques, d'où la revendication d'appliquer les lois religieuses de la Charia qui a suivi de peu celle du port du voile.

Dans le discours dominant qui préconise le port du hidjab, les prédicateurs insistent sur l'obligation religieuse de le porter et encouragent les femmes à faire du prosélytisme pour susciter son adoption par le plus grand nombre. Ce discours valorise les femmes qui le portent et dénigre celles qui le refusent, les traitant de femmes de mauvaise vie et de «putes». Il incite les fidèles à rejeter le modèle occidental d'émancipation des femmes, critiquant les excès observés, telles l'hypersexualisation de la société et l'exploitation du corps de femmes dénudées pour vendre toutes sortes de produits. C'est ce qui explique que ce discours rejoint un certain nombre de femmes musulmanes, parmi les plus instruites et les plus émancipées, qui y trouvent un modèle alternatif valorisant.

Paradoxalement, bien que la logique qui sous-tend le port du hidjab repose sur une image plutôt négative des femmes, celles qui le portent en Occident y trouvent souvent une source de fierté et d'affirmation identitaire. Ce n'est pas un hasard si ce discours réussit à séduire particulièrement les jeunes filles, parfois contre l'opinion de leurs parents plus conscients des dangers de l'intégrisme. L'insistance sur l'affirmation identitaire positive à travers le hidjab leur permet de défier les autorités séculières, au nom de la liberté religieuse, et de gagner ainsi du prestige aux yeux de leur communauté. Elles sont alors souvent adulées et encouragées à être actives socialement et politiquement, ce qui leur confère un sentiment de pouvoir réel. Par exemple, dans le cas de la jeune joueuse de soccer expulsée à cause du hidjab, des groupes musulmans ont décidé de l'honorer pour son refus de se départir de son hidjab.

Bien entendu, toutes celles qui portent le hidjab n'adhèrent pas nécessairement à la vision négative véhiculée par le discours intégriste qui le prône. Certaines sont même très émancipées et se disent féministes, préconisant effectivement d'autres interprétations plus égalitaires des textes religieux. Toutefois leur opinion sincère ne nie en rien l'analyse globale du système patriarcal qui sous-tend le hidjab et qui tire sa force de la collaboration active des femmes, considérées comme les gardiennes des traditions et valorisées à ce titre. Il est clair que le danger ne vient pas des femmes qui adoptent le hidjab pour diverses raisons, mais de l'idéologie qui l'accompagne.

Par ailleurs, quand le port du hidjab se répand dans une société, il devient la norme socialement admise pour les femmes musulmanes « vertueuses », de sorte que celles qui le refusent sont de plus en plus ostracisées et soumises à des pressions de leur entourage pour l'adopter. C'est ce qui permet d'affirmer que le voile adopté volontairement par les unes et le voile imposé par la force à d'autres sont les deux faces d'une même médaille.

Bien que le hidjab contribue symboliquement à la séparation des sexes, visant à soustraire les femmes à la convoitise des hommes, il ne suffit pas à satisfaire cette exigence. Il est donc généralement suivi d'autres revendications incluant le port du nikab, ne laissant paraître que les yeux, la ségrégation des sexes dans les lieux publics et le refus d'avoir affaire à des personnes du sexe opposé. Ce sont ces pratiques qu'on observe de plus en plus au Québec, dix ans à peine après l'apparition du premier hidjab à l'école.

À la lumière de cette analyse, on peut donc soutenir que la décision juridique d'appuyer la revendication du port du voile à l'école (en l'occurrence par des mineures), au nom de la liberté de religion et de la liberté de conscience, contrevient en fait à ces mêmes libertés. En effet, cela ouvre la porte au prosélytisme et aux pressions qui s'ensuivent, non seulement sur d'autres élèves musulmanes, mais également sur l'ensemble des femmes musulmanes dans leur communauté. On peut donc arguer, comme la France, que l'école devrait être exempt de pressions et de manifestations de prosélytisme pour assurer la liberté de conscience à chacun et permettre aux élèves d'exercer un jugement sur les religions et la spiritualité.

De plus, l'approche juridique qui soutient le droit de celles qui revendiquent le voile n'offre aucune protection à celles qui sont forcées de le porter, ce qui viole ainsi leur droit à la liberté de conscience. Les preuves tangibles de cette violation ne sont pas faciles à obtenir, car les fillettes et les femmes musulmanes soumises à ces pressions n'osent pas la dénoncer au grand jour, de peur d'être ostracisées par leur communauté. C'est ainsi que seule la voix de celles qui revendiquent le port du voile réussit à se faire entendre, alors que celles (plus nombreuses) qui subissent des pressions pour le porter sont ignorées. Par conséquent, on peut conclure que la liberté de conscience, reconnue dans les chartes, et les droits collectifs des femmes musulmanes sont compromis par cette approche juridique qui ne tient pas compte du contexte global.

La ségrégation sexuelle dans l'espace public

La multiplication des demandes de séparation des sexes dans l'espace public (cas des piscines et des cours prénataux), ainsi que le refus d'avoir affaire à une femme (cas des policières et des évaluatrices de la SAAQ) ou le refus de soins médicaux provenant d'une personne du sexe opposé illustrent la dérive résultant de l'approche juridique basée sur les accommodements dits raisonnables.

Bien qu'il soit toujours possible de faire des compromis pour répondre positivement à ce type de revendications, la question est de savoir s'il est souhaitable de le faire à long terme. La séparation des sexes dans les lieux publics et dans les services publics est rarement synonyme d'égalité. Ce modèle remet en question l'égalité des sexes et la place des femmes dans la société. Il porte atteinte aux droits des femmes occupant des postes de responsabilité dans les institutions publiques, dont le statut est remis en cause par certains usagers.

De plus, la logique de refus de la mixité dans le domaine public, au nom des valeurs religieuses, conduit à exiger des structures sociales séparées dans tous les domaines (éducation, santé, services sociaux, etc.), ce qui est incompatible avec un modèle de société séculier. Cela reviendrait à ériger un système d'apartheid pour les femmes des minorités culturelles, ce qui est éthiquement inacceptable. Il faut donc revoir la stratégie actuelle des accommodements à la lumière de cet enjeu crucial qui remet en question le modèle séculier de société à long terme.

L'octroi de salles de prière

Ces dernières années, on a vu émerger également des revendications de salles de prière au sein des institutions universitaires et collégiales. Ces demandes sont généralement agréées au nom de la liberté religieuse. Ainsi, l'Université Concordia réserve une salle de prière aux étudiants musulmans et une salle d'eau pour leurs ablutions rituelles, incluant le lavage des mains et des pieds. S'appuyant sur ce précédent, un groupe de musulmans a porté plainte, en avril 2003, contre l'École de technologie supérieure (ETS) à Montréal, dénonçant le refus de la direction de leur accorder une salle de prière en invoquant le manque de locaux disponibles. L'avis de la Commission des droits de la personne a estimé qu'il serait exagéré d'obliger l'ETS à réserver un local de prière pour satisfaire quelques personnes, mais qu'un accommodement raisonnable serait de leur fournir la liste des locaux disponibles qu'ils peuvent utiliser aux heures de prière.

Si l'octroi d'une salle de prière n'est pas de nature à soulever d'objection morale, elle soulève néanmoins certaines questions. Bien qu'anodin en apparence, cet accommodement ouvre la voie aux pressions morales exercées par certains militants religieux sur d'autres membres de leur communauté pour les pousser à se conformer aux heures de prière, sous peine d'ostracisme.

Le droit à la liberté de conscience, incluant la liberté de croire ou de ne pas croire ce que l'on veut en matière de religion, risque donc d'être menacé par cette pratique.

D'autre part, l'octroi de salles de prière dans les universités et les collèges ouvre la voie à une surenchère de revendications, incluant notamment la demande de salles d'eau pour effectuer les ablutions rituelles, puis la demande de suspendre les cours aux heures de prière, et certains réclament même de s'absenter de la salle d'examen pour la prière. Ces pratiques soulèvent déjà des tensions dans les milieux où elles s'instaurent graduellement, ce qui ne fait qu'accroître l'animosité à l'égard de l'ensemble des musulmans, bien que seule une infime minorité d'entre eux appuie ce type de revendication.

L'enjeu soulevé ici n'est pas la liberté de conscience, mais une tentative du religieux d'empiéter sur l'espace public dont l'usage commun devrait pourtant bénéficier à tous également. Dans les pays musulmans où cette pratique s'est implantée sous la poussée du mouvement intégriste, cela a été source de vives tensions avec les autorités séculières et avec les membres des autres groupes confessionnels. Le mouvement intégriste qui s'appuie sur la ferveur populaire vise ainsi à créer un rapport de force dans le but de soumettre le pouvoir séculier aux impératifs religieux. Conscients de cet enjeu politique, certains pays musulmans refusent à présent d'accéder à ce genre de demande, rappelant que l'islam est une religion accommodante et qu'elle autorise les fidèles à regrouper les cinq prières requises, le matin ou le soir, chez eux. Ce sont les interprétations intégristes qui donnent une image de rigidité à l'islam.

Par conséquent, on fait fausse route en voulant considérer la revendication de salles de prière uniquement sous l'angle logistique (disponibilité ou non de locaux) et sous l'angle des libertés individuelles, sans se demander s'il est raisonnable d'exiger des institutions séculières, comme les universités ou les collèges publics, qu'elles fournissent un lieu de culte. Il ne s'agit pas là d'un droit fondamental, mais d'un privilège que rien ne justifie réellement dans un modèle de société pluraliste et séculier.

L'invocation de principes religieux au plan juridique

L'annonce du projet de création d'un tribunal religieux islamique s'inspirant de la Charia en Ontario (à l'automne 2003) a soulevé un vaste tollé à l'échelle internationale. Précisons que les initiateurs de ce projet invoquaient le précédent des tribunaux d'arbitrage des juifs hassidiques. Le gouvernement ontarien commanda alors une étude, dont le rapport (Boyd, 2004[3]) concluait en faveur de la reconnaissance officielle des tribunaux d'arbitrage voulant appliquer la Charia. Ce rapport prétendait vouloir ainsi mieux encadrer des pratiques déjà existantes.

Craignant l'impact d'une telle décision sur le Québec, l'Assemblée nationale s'empressa d'adopter (le 26 mai 2005) à l'unanimité une résolution, proposée par la députée musulmane Fatima Houda-Pepin,

---

3. Marion BOYD, *Résolution des différends en droit de la famille: pour protéger le choix, pour promouvoir l'inclusion*, rapport, gouvernement de l'Ontario, décembre 2004. ‹www.attorneygeneral.jus.gov.on.ca/french/about/pubs/boyd›

s'opposant à «l'implantation des tribunaux dits islamiques au Québec et au Canada». Cette motion a été critiquée du fait qu'elle ne ciblait qu'une seule religion, alors qu'il aurait mieux valu proposer une motion à portée universelle. En outre, à l'inverse de la situation de l'Ontario, le recours à l'arbitrage en matière familiale était déjà interdit par le droit civil au Québec. Néanmoins, dans le vent de panique suscité par la menace réelle de voir l'application de la Charia imposée au Canada, plusieurs estimaient qu'il ne fallait prendre aucun risque.

Finalement, à la suite des pressions nationales et internationales d'une vaste coalition mobilisée par des femmes musulmanes canadiennes appuyées par le mouvement féministe, le gouvernement ontarien a fini par adopter en 2006 l'amendement de la Loi sur l'arbitrage, pour écarter toute possibilité de recours aux lois religieuses ou aux lois du pays d'origine en matière de droit familial. Cette décision a été accueillie avec soulagement par les membres des communautés musulmanes, particulièrement les femmes, craignant de perdre des droits qui ne sont pas reconnus par la Charia.

Rappelons que, dans les faits, les tribunaux religieux existent depuis longtemps au Québec et au Canada, mais qu'ils fonctionnent en marge du droit. Cela signifie que leurs décisions ne sont pas reconnues par les tribunaux civils. S'ils n'ont aucune valeur juridique au regard de la loi canadienne, ils ont néanmoins un poids moral important aux yeux des fidèles. De plus, leurs décisions peuvent être reconnues dans les pays d'origine, ce qui leur confère un poids réel non négligeable. La situation demeure donc ambiguë pour plusieurs citoyennes et citoyens musulmans, soumis à d'autres règles.

Certains feront remarquer que d'autres sociétés pluralistes acceptent d'appliquer des systèmes juridiques distincts pour chaque communauté religieuse. Ainsi, la Grande-Bretagne autorise un système juridique séparé pour les ressortissants de ses anciennes colonies. À mon avis, ce n'est pas là un modèle à suivre. Dans un contexte d'immigration comme celui du Québec et du Canada, le pluralisme juridique ne favorise nullement l'intégration mais la division de la société en communautés séparées, ce qui contribue à affaiblir encore plus la cohésion sociale, déjà difficile à réaliser. En situation de crise, la fragmentation qui en résulte peut conduire à l'éclatement en une multitude de groupes ethnico-religieux aspirant chacun à l'autonomie totale. Le discours religieux intégriste aidant, cela peut conduire à des conflits sans fin. Par conséquent, mieux vaut refuser le pluralisme juridique, mais ce refus doit s'appliquer à tous également.

Les accommodements favorisent-ils l'intégration?

Compte tenu du fait que la politique d'accommodement est censée favoriser l'intégration, on est en droit de se demander si elle contribue à atteindre cet objectif à long terme.

Examinons le cas des juifs hassidiques, implantés depuis longtemps au Québec. Cette communauté a choisi de vivre à l'écart de la population, malgré tous les accommodements (écoles et tribunaux séparés, etc.), qui lui ont permis justement de continuer à vivre en vase clos. Cet exemple montre bien que la politique d'accommodement ne favorise pas nécessairement l'intégration. Cela n'a rien de répréhensible en soi, tant qu'il s'agit de communautés isolées. Mais ce modèle devient insoutenable quand il est pris comme exemple à suivre pour d'autres communautés. Or, comme on a pu le constater ces dernières années, plusieurs se réclament de ce modèle pour légitimer leurs revendications ethnico-religieuses. Cela rend difficile sinon impossible le maintien d'une cohésion sociale et la construction d'une citoyenneté commune.

Dans un contexte d'immigration comme celui de la société québécoise, la multiplication de communautés vivant chacune selon ses propres normes et valeurs conduirait au morcellement de l'espace public, ce qui finirait par menacer le modèle de société séculier et égalitaire pour tous. Il faut donc chercher d'autres voies pour faire face à la multiplication des revendications religieuses. Les membres des minorités concernées doivent également réfléchir sérieusement à cette question, en se demandant si ces revendications, bien que parfaitement légitimes du point de vue des croyants, sont absolument nécessaires pour vivre leur foi.

Il est essentiel de dégager ensemble de nouvelles pistes d'action qui favorisent réellement l'intégration de tous à long terme. Cela suppose une grande ouverture d'esprit et une flexibilité pour accepter de renoncer à certains privilèges, en échange de mesures plus efficaces pour éliminer la discrimination et l'exclusion. Des accommodements raisonnables en lien avec le pluralisme religieux seront sans doute encore nécessaires à l'avenir, mais ils devront viser des objectifs d'intégration des diverses communautés à long terme.

CHAPITRE VI

Sortir de l'enfermement identitaire

À la lumière de l'analyse qui précède, il est clair qu'on fait fausse route en prônant des accommodements visant à accepter des pratiques qui renforcent un modèle patriarcal ou qui augmentent l'influence du pouvoir religieux dans l'espace public. Ce type d'accommodement est contre-productif à long terme, car il contribue à légitimer ces pratiques et à creuser davantage le fossé entre les minorités religieuses et le reste de la société.

Malgré le désir de continuer à protéger la liberté de conscience, les revendications religieuses ne peuvent être considérées uniquement sous l'angle des libertés individuelles. Le fait de reconnaître à quelques-uns le droit de se soustraire aux règles établies pour l'ensemble, au nom de leurs croyances religieuses, répond aux besoins des individus à court terme. À plus long terme, cela finit par créer une multitude de sous-catégories de citoyens. Pour éviter ce genre de clivage, il est essentiel de dégager l'espace de liberté nécessaire pour sortir de l'enfermement identitaire ethnico-religieux. Il ne s'agit pas ici de nier la liberté de quiconque mais de reconnaître que des compromis sont nécessaires pour vivre ensemble dans le respect du droit à la différence sans aller jusqu'à la différence des droits.

C'est dans cette perspective que je proposerai les balises et les pistes d'action suivantes.

Affirmer la protection du droit à l'égalité des sexes

Il faut bien reconnaître que l'exercice de la liberté religieuse comporte des risques d'atteinte au droit à l'égalité des sexes, garanti au plan international, particulièrement dans la Convention sur l'élimination de toutes les formes de discrimination à l'endroit des femmes. Cette Convention réaffirme le principe de l'égalité en demandant aux États parties de prendre

> toutes les mesures appropriées, y compris des mesures législatives, pour assurer le plein épanouissement et le progrès des femmes en vue de leur garantir l'exercice et la jouissance des droits de l'homme et des libertés fondamentales sur la base de l'égalité avec les hommes (art. 3).

La Convention reconnaît aussi que la culture et la tradition peuvent restreindre les droits des femmes. Elle affirme donc que les États parties à la Convention sont tenus de modifier peu à peu les schémas et les modèles de comportement socioculturels pour parvenir à

> l'élimination des préjugés et des pratiques coutumières, ou de tout autre type, qui sont fondés sur l'idée de l'infériorité ou de la supériorité de l'un ou l'autre sexe ou d'un rôle stéréotypé des hommes et des femmes (art. 5).

Le Canada, signataire de cette Convention, a donc l'obligation de protéger les femmes contre les traditions religieuses qui restreignent leurs droits. Cela signifie que l'interprétation des droits reconnus dans les chartes canadienne et québécoise ne doit en rien contredire les droits des femmes à l'égalité. Ainsi, le respect de la liberté de religion, ou le droit des minorités de faire progresser leur propre vie culturelle, selon la charte québécoise (art. 43), et la valorisation du patrimoine multiculturel canadien, selon la charte canadienne (art. 27), ne peuvent soustraire l'État à ses obligations concernant l'élimination des pratiques patriarcales et des mentalités réfractaires à l'égalité des sexes. Par conséquent, il est grand temps de revoir le concept d'accommodement et l'interprétation juridique de la liberté religieuse à la lumière de ces obligations prioritaires.

Revoir le concept d'accommodement et de liberté religieuse

L'obligation d'accommodement doit être considérée comme un chemin à deux voies. À l'instar de la France, les individus doivent, eux aussi, être appelés à trouver des accommodements raisonnables pour respecter les règles établies par les institutions publiques ou privées. Sans renier les principes définis dans les chartes québécoise et canadienne, on pourrait y insérer une définition plus précise de ce qu'on entend par «liberté religieuse» au lieu d'en laisser l'interprétation aux seuls juges.

Présentement, les tribunaux canadiens considèrent la liberté de religion comme «le droit de croire ce que l'on veut en matière religieuse, le droit de professer ouvertement des croyances religieuses sans crainte d'empêchement ou de représailles et le droit de manifester ses croyances religieuses par leur mise en pratique et par le culte ou par leur enseignement et leur propagation ». Cette interprétation juridique très large vise à protéger les individus du pouvoir excessif de l'État ou des institutions. Elle ne permet pas de tenir compte d'autres formes de pouvoir non étatiques, issues des communautés elles-mêmes, exercées parfois au nom des valeurs religieuses.

Les exemples de la France, de la Turquie et de la Cour européenne, mentionnés plus haut, montrent la grande latitude laissée aux juges dans l'interprétation des normes juridiques relatives à la liberté religieuse. Ils montrent aussi qu'il est parfois nécessaire d'imposer certaines restrictions à l'expression des libertés religieuses pour protéger la société et les individus contre le pouvoir abusif de la religion.

Par conséquent, il faudrait préciser dans les chartes que l'expression de la liberté religieuse rencontre sa limite dans l'obligation de respecter l'égalité des sexes, de ne pas empiéter sur l'espace public commun, et d'accepter les règles de gestion laïques établies par les institutions. Le respect de la liberté religieuse implique que nul ne doit, en raison de ses croyances religieuses, subir de persécution ni de discrimination dans l'accès à tous les services publics et à tous les emplois disponibles selon ses compétences, mais cela n'inclut pas le droit de mettre en application toutes les pratiques découlant de ses propres convictions religieuses en tout lieu et en tout temps. Dans les faits, il est parfaitement possible d'avoir des convictions religieuses profondes sans avoir à les manifester au travail ou dans l'espace public.

Autrement dit, les minorités religieuses auraient ainsi l'obligation comme les autres de respecter les règles administratives qui gouvernent la gestion de l'espace public commun, que ce soit à l'école, dans les institutions ou dans les organisations de la société civile. Elles ne pourraient invoquer leurs croyances religieuses pour se soustraire à ces règlements ni pour imposer d'autres règles fondées sur leurs croyances.

Refuser la ségrégation sexuelle dans les institutions

Il est clair que la satisfaction des revendications religieuses impliquant la ségrégation sexuelle dans les services publics ou le refus de faire affaire avec une personne du sexe opposé contribue à modifier le modèle d'organisation sociale séculier, ce qui ne paraît guère souhaitable dans une société démocratique et pluraliste. Il n'y a aucune raison valable de céder à ce type de demandes.

L'argument de l'exclusion ou de la discrimination ne tient pas la route. Toutes les communautés sont aujourd'hui capables de s'accommoder de la mixité dans les lieux publics, pour autant qu'on ne sacralise pas les interprétations les plus rigides de chaque religion. Il y aurait donc là une obligation faite aux individus et non aux institutions pour favoriser le vivre ensemble et le partage commun des espaces publics, dans le respect des principes d'égalité des sexes.

Toutefois, une distinction s'impose dans le domaine de la santé. Lorsqu'il s'agit de l'intimité du corps, le droit des patients de voir un professionnel de la santé du même sexe est généralement admis, pour diverses raisons. Un accommodement est donc possible dans ce domaine, dans la mesure où il n'occasionne pas de contrainte excessive à l'institution.

Décourager le port de symboles religieux

L'école a un rôle primordial à jouer au chapitre de l'intégration qu'il faut lui reconnaître et lui permettre de remplir. Dans le contexte actuel, marqué par la montée des intégrismes à l'échelle mondiale, l'analyse nous montre que l'introduction de symboles religieux à l'école ne favorise pas l'intégration des personnes qui les portent et qu'elle ouvre la porte au prosélytisme et à des pressions indues sur les personnes concernées et sur d'autres.

Compte tenu qu'il s'agit d'élèves d'âge mineur et non d'adultes, il serait souhaitable d'interdire les symboles religieux ostentatoires à l'école, à l'instar de la France. Toutefois, trois éléments importants doivent être pris en considération. Premièrement, il est difficile pour le Québec de soutenir cette position sans l'appui officiel du Canada et sans modifier les chartes. Deuxièmement, pour qu'un tel règlement puisse être appliqué sans soulever un tollé qui le rendrait inopérant, il doit être le fruit d'un large consensus et faire partie d'un ensemble de mesures qui faciliteraient réellement l'intégration plutôt que la ghettoïsation. Troisièmement, il faut évaluer le risque réel qu'une telle décision encourage une multiplication des écoles privées confessionnelles qui favoriserait la ghettoïsation des minorités religieuses.

Par conséquent, je propose de miser davantage sur l'éducation pour décourager activement le port de symboles religieux à l'école et surtout pour remettre en question le sens et la justification de tels symboles. Il faudrait aussi mettre en avant les objectifs d'intégration et développer des stratégies de communication pour susciter l'adhésion du plus grand nombre aux principes de laïcité et d'égalité des sexes.

En ce qui concerne le port de symboles religieux par des adultes dans diverses institutions, soulignons que ces symboles ont un sens important non seulement pour les personnes qui les portent, mais aussi pour les personnes qui interagissent avec elles. Ils ont donc une dimension individuelle et une dimension collective dont il faut tenir compte.

Dans le cas de la fonction publique ou des services publics offerts à la population, il existe un devoir de réserve de la part des fonctionnaires de l'État de ne pas afficher leurs allégeances politiques dans le cadre de leur fonction. Ce devoir de réserve devrait s'étendre à l'appartenance religieuse. Par conséquent, il faudrait interdire l'introduction de symboles religieux dans les uniformes liés à la fonction publique, ainsi dans la GRC, chez les gardiens de prison, les médecins, les infirmières, etc.

Dans d'autres situations, on pourrait laisser la latitude aux organismes séculiers d'établir leurs règles, selon les contextes. Ainsi, la décision d'accepter ou non le port de symboles religieux dans les sports d'équipe reviendrait aux associations sportives. Dans tous les cas, il s'agirait d'un privilège et non d'un droit justiciable.

Adopter des règles de gestion laïque

Il faut réaffirmer les principes de laïcité et adopter des règles de gestion laïque plus claires pour les administrateurs qui doivent les appliquer. Cela signifie que les institutions publiques demeurent ouvertes à tous les citoyens et citoyennes, indépendamment de leur appartenance religieuse. Mais cela ne signifie pas pour autant que les politiques et les règlements administratifs adoptés par ces institutions doivent être en harmonie avec toutes les pratiques et les croyances religieuses de chaque groupe composant la société.

De plus, le fait qu'historiquement un groupe fondateur ait marqué du sceau de sa religion les institutions publiques ne doit en rien invalider cette règle. Par exemple, ce n'est pas parce que les congés officiels des institutions publiques au Québec coïncident en partie avec des fêtes religieuses catholiques qu'il faut automatiquement respecter toutes les autres fêtes religieuses ou se départir de ce privilège. La poursuite d'une logique d'équité parfaite peut conduire à des aberrations. Force est de reconnaître les acquis historiques et d'accepter de considérer tous nouveaux arrangements comme des privilèges soumis à certaines contraintes, et non comme un droit justiciable.

Je ne crois pas qu'il soit nécessaire de supprimer de l'espace public toute référence à l'héritage catholique québécois qui rappelle les racines historiques et culturelles du Québec. Contrairement à ce qu'affirment certains défenseurs de la laïcité, ces symboles ne constituent nullement une barrière à la communication. Par exemple, la fête de Noël avec ses décorations, incluant le sapin et même la crèche, est une forme d'expression culturelle qui n'exclut personne. Elle se déroule généralement dans un esprit festif qui favorise le partage entre la société d'accueil et les minorités religieuses. L'héritage culturel de la société d'accueil ne doit pas être nié au nom du pluralisme, car cela risque d'alimenter en retour l'hostilité à l'égard des minorités.

En ce qui concerne les revendications, de la part des minorités, de congés pour cause de fêtes religieuses, rien ne justifie à mes yeux l'hostilité que soulève cette demande parfois. Cela ne porte nullement atteinte aux principes de laïcité. Dans la mesure où il s'agit de quelques jours par an (deux ou trois jours tout au plus), la recherche de compromis est souhaitable. Dans le cas de l'école, il est sans doute possible de faire coïncider certaines fêtes religieuses importantes des minorités avec des journées pédagogiques, si le nombre le justifie, ou d'éviter de prévoir des examens ces jours-là.

D'autres institutions ou employeurs pourraient offrir la possibilité d'échanger ces journées contre d'autres jours fériés qui ne correspondent pas à la confession des employés ou encore de comptabiliser ces congés supplémentaires dans leur banque de congés de maladie payés. Idéalement, tous devraient avoir accès à quelques jours de congés mobiles qui seraient utilisés selon les besoins personnels. Pour éviter la surcharge aux autres collègues de travail, l'employeur devrait prévoir des remplacements. La flexibilité est ici de mise.

Soumettre le discours religieux et l'éducation religieuse à certains critères

S'il faut, dans une société démocratique, admettre la liberté des adultes de croire ce qu'ils veulent, qu'en est-il du droit des enfants, et surtout des filles, à une éducation qui les instruise de leurs droits à l'égalité et à la dignité? Comment s'accommoder d'une éducation religieuse réfractaire au principe d'égalité des sexes, comme c'est le cas des tendances conservatrices dans toutes les religions?

Pour concrétiser le principe d'égalité, les paroles ne suffisent pas. Il faut se donner les moyens d'agir pour le faire respecter en priorité dans deux milieux : dans l'éducation et dans la sphère juridique. Sachant que le discours religieux a un caractère privilégié, qui le rend difficilement contestable pour les fidèles, l'éducation religieuse ne peut être laissée aux mains des tendances intégristes, qui se prévalent des libertés inscrites dans les chartes pour nier les valeurs démocratiques et les principes d'égalité. Bien entendu, on touche là des cordes sensibles.

L'expérience montre que les discours religieux qui insistent sur la supériorité des hommes et sur la soumission des femmes engendrent le mépris et la violence à l'égard des femmes. S'il est vrai que le respect des valeurs démocratiques ne permet pas de contraindre la parole, mais seulement le passage à l'acte, une distinction s'impose entre l'opinion personnelle qui s'exprime dans le privé, et le discours tenu par une personne en position d'autorité.

Si on applique ce raisonnement au discours religieux, ne faudrait-il pas le soumettre aux mêmes critères sociaux interdisant l'incitation à la violence, au mépris et à la haine des autres? Les discours méprisants à l'endroit des femmes ou d'autres groupes ethniques qui retentissent parfois dans les lieux de culte, au Québec comme ailleurs, sont insultants et choquants pour plusieurs. Il n'y a aucune raison que cette situation perdure impunément, sous couvert de liberté religieuse, d'autant que ces discours contribuent à façonner les rapports sociaux entre les sexes et entre les communautés.

Par conséquent, il faut affirmer le principe selon lequel le discours religieux et l'éducation religieuse doivent respecter les droits inscrits dans les chartes. Ainsi, ils ne doivent pas nier l'égalité des sexes, ni porter atteinte à la dignité des femmes, ni encore inciter à la coercition dans l'imposition des valeurs morales. Cette règle doit s'appliquer à tous également, indépendamment de l'appartenance ethnique.

Dans un système de droit, le discours et les pratiques religieuses ne peuvent avoir préséance sur les lois et les chartes. Toutes les religions seraient ainsi libres et respectées, mais devraient en contrepartie délaisser toute idéologie axée sur la domination mâle et sur la hiérarchie des groupes ethniques ou religieux. Cette règle aurait pour effet non pas de nier les libertés religieuses, mais de favoriser les courants religieux qui sont respectueux des valeurs démocratiques.

Reste à savoir comment faire respecter ces règles. Bien entendu, il ne s'agit pas de prôner un État policier. On devrait plutôt miser sur l'éducation et promouvoir la connaissance des divers courants de pensée religieuse et des interprétations les plus modérées. Ce serait un moyen doublement efficace pour triompher des préjugés extérieurs et démystifier les interprétations intégristes aux yeux des croyants.

Refuser le pluralisme juridique

Compte tenu de l'obligation de l'État de protéger les femmes contre les violations de leurs droits au nom de la religion ou du relativisme culturel, toute prétention à l'application d'un code de la famille étranger est inadmissible.

Il n'est pas nécessaire d'entrer dans les méandres de discussions interminables pour identifier ce qui relève ou non du sexisme dans d'autres cultures. La seule ligne directrice qui doit nous guider en la matière, c'est que le droit à la différence ne doit pas aboutir à une différence des droits. Ce principe implique que tous les citoyens et les citoyennes sont soumis à un système juridique unique et laïque, indépendamment de leur appartenance culturelle ou religieuse.

De plus, pour que l'égalité des droits ne reste pas lettre morte et se concrétise au-delà des principes, il faut prendre les mesures nécessaires pour assurer un meilleur accès aux services juridiques (traduction, accompagnement, aide financière, etc.), notamment pour les femmes des communautés culturelles, de façon à garantir l'égalité effective des droits à tous et à toutes. C'est à ce prix seulement que nous pourrons protéger les acquis et les valeurs de la laïcité et de l'égalité des sexes.

Concevoir une nouvelle politique et des stratégies d'intégration

Au cours de la dernière décennie, les gouvernements ont sabré dans les programmes sociaux et dans le financement des organismes communautaires pouvant aider les nouveaux immigrants à s'adapter à leur pays d'accueil. L'intégration économique étant souvent le premier pas vers l'intégration sociale et culturelle, l'insuffisance des ressources allouées pour l'apprentissage du français et pour l'aide à la recherche d'emploi ne fait que favoriser le repli identitaire et la ghettoïsation des minorités. Il est donc essentiel de se doter d'une véritable politique d'intégration et d'allouer les ressources nécessaires pour assurer aux nouveaux immigrants un meilleur accès à l'emploi et à la culture.

Cette politique doit inclure entre autres des mesures visant l'élimination des pratiques discriminatoires à l'embauche ainsi que des barrières à la reconnaissance des diplômes et de l'expérience acquis à l'étranger. Bon nombre de professionnels immigrants se butent à des portes closes malgré leurs qualifications. Les sondages montrent que ce problème est encore plus aigu chez les membres des communautés musulmanes qui font face à de nombreux préjugés, aggravés par l'islamophobie depuis 2001. Rappelons que la population musulmane a plus que doublé au Québec au cours de la dernière décennie, et que celle-ci représente aujourd'hui près de 3 % de la population montréalaise.

Des exemples de cas vécus indiquent que certains employeurs écartent d'office les candidatures de ceux dont le nom a une connotation musulmane, leur préférant d'autres candidats moins qualifiés. Ces allégations doivent être prises au sérieux et méritent investigation. S'il y a lieu, il faudra adopter des mesures énergiques pour éliminer cette discrimination qui engendre un sentiment de frustration croissant, propre à renforcer le repli identitaire et à grossir les rangs de l'intégrisme.

L'intégration économique et sociale se complète par l'intégration politique. Cette dernière exige un meilleur accès aux institutions de l'État pour favoriser le sentiment d'appartenance de la part de tous les groupes qui composent désormais la société. Or, jusqu'ici, les minorités culturelles sont peu représentées dans les structures administratives aux niveaux fédéral, provincial et municipal. En s'inspirant des programmes visant l'égalité des sexes, il faut se doter d'une politique et de stratégies plus efficaces, visant à éliminer les sources de discrimination systémique qui font obstacle à l'intégration des membres des minorités dans la fonction publique. Il faut pour cela préciser les résultats attendus, prévoir un échéancier, mais aussi des mécanismes de suivi, incluant des incitatifs et une imputabilité réelle.

La maîtrise de la langue étant un facteur important de l'intégration politique, il faudrait offrir aux membres des communautés culturelles qui le désirent des cours de perfectionnement dont l'accès ne devrait pas être limité aux seuls nouveaux immigrants.

En matière d'éducation, une meilleure connaissance des mouvements sociaux et politiques qui ont marqué la société québécoise nous paraît essentielle pour que les enfants issus de l'immigration s'identifient davantage à la société d'accueil. À défaut d'un passé commun, il faut miser sur une meilleure connaissance des luttes qui ont donné ses caractéristiques à toute société. Cela fait partie intégrante de la construction d'une identité civique commune. De plus, une meilleure connaissance de l'histoire de l'immigration et de son apport positif est nécessaire pour rapprocher les mentalités. Ce besoin déborde clairement le seul cadre de l'école. C'est en fait l'ensemble de la société qui devrait profiter d'une éducation au pluralisme, qui touche à présent toutes les sociétés, et les médias ont un rôle primordial à jouer en ce sens.

Finalement, pour assurer la réussite d'une véritable politique d'intégration, il faudrait mettre au point une stratégie de communication visant à faire connaître les objectifs d'intégration poursuivis pour que le plus grand nombre y acquiesce. Cette démarche exige l'intégration des membres des minorités culturelles pour éviter la polarisation sur une base ethnique. Il ne s'agit pas ici d'une approche utilitaire. Il faut bien admettre que, dorénavant, la solution des problèmes sociaux passe par la participation active des membres des diverses communautés. Un tel ensemble de mesures d'intégration efficaces pourrait contrecarrer l'attraction du discours intégriste. C'est là une autre condition pour la construction d'une identité civique commune.

Les pistes d'action proposées ici ne sont que quelques éléments parmi d'autres pour sortir de l'enfermement ethnico-religieux et pour aider notre société à assumer le pluralisme qui la caractérise désormais. Par cette réflexion, j'espère avoir contribué à enrichir le débat qui doit nous conduire à l'adoption d'un modèle de laïcité authentiquement québécois, qui prendra en considération les enjeux sociaux et politiques soulevés dans cet essai, ainsi que les résultats de la commission d'étude confiée à MM. Taylor et Bouchard. Comme le dit Michel Onfray, il ne faut pas laisser les communautarismes tuer la communauté[1].

---

1. Michel ONFRAY, *Traces de feux furieux*, Paris, Galilée, 2006, p. 13-15.

Table

Achevé d'imprimer au Canada en mai 2007
sur les presses de Quebecor World Saint-Romuald